职业教育·城市轨道交通类专业教材

城市轨道交通自动售检票系统检修

张新宇 主编

人民交通出版社股份有限公司

北 京

内 容 提 要

本书为职业教育城市轨道交通类专业教材,主要内容包括:自动售检票系统与票务系统,自动售检票系统架构,自动检票机,自动售票机,半自动售票机,自动验票机,自动售检票系统安全、容灾与保障,自动售检票系统维修电工安全基础8部分。

本书系统、全面地阐述了城市轨道交通自动售检票系统检修岗位要求掌握的知识和技能,介绍了城市轨道交通自动售检票系统架构、设备功能、构成、设备的操作、维护和故障处理,以及系统安全,图文并茂,配套资源丰富,考虑到教材篇幅有限,大量相关图片放在多媒体课件中。

本书可作为职业院校城市轨道交通相关专业的教学用书,也可以作为城市轨道交通行业从业人员的参考资料。

＊教师可通过加入"职教轨道教学研讨群"获取课件等配套资源(QQ群号:129327355)。

图书在版编目(CIP)数据

城市轨道交通自动售检票系统检修/张新宇主编
.—北京:人民交通出版社股份有限公司,2022.12 (2024.12 重印)
ISBN 978-7-114-18131-3

Ⅰ.①城… Ⅱ.①张… Ⅲ.①城市铁路—旅客运输—售票—铁路自动化系统—检修 Ⅳ.①U293.2

中国版本图书馆 CIP 数据核字(2022)第 136987 号

职业教育·城市轨道交通类专业教材
Chengshi Guidao Jiaotong Zidong Shoujianpiao Xitong Jianxiu

书　名:	城市轨道交通自动售检票系统检修
著 作 者:	张新宇
责任编辑:	司昌静
责任校对:	赵媛媛　魏佳宁
责任印制:	刘高彤
出版发行:	人民交通出版社股份有限公司
地　　址:	(100011)北京市朝阳区安定门外外馆斜街3号
网　　址:	http://www.ccpcl.com.cn
销售电话:	(010)85285911
总 经 销:	人民交通出版社股份有限公司发行部
经　　销:	各地新华书店
印　　刷:	北京印匠彩色印刷有限公司
开　　本:	787×1092　1/16
印　　张:	12
字　　数:	234 千
版　　次:	2022 年 12 月　第 1 版
印　　次:	2024 年 12 月　第 2 次印刷
书　　号:	ISBN 978-7-114-18131-3
定　　价:	38.00 元

(有印刷、装订质量问题的图书,由本公司负责调换)

前　言

编写背景

2019年1月国务院发布的《国家职业教育改革实施方案》,2019年4月教育部职业教育与成人教育司发布的《职业教育与继续教育2019年工作要点》,都提出了推进"三教"改革,提高育人质量,对教材建设提出了具体要求。

本书编写人员在认真学习、领会有关文件精神的基础上,根据教育部颁布的《高等职业学校专业教学标准》及"自动售检票系统检修工"工种技能要求,编写了本书。

教材特点

(1)本书在仔细分析企业对岗位技能方面的具体要求的基础上,结合教学标准,进行了项目设置,内容实用,由浅入深、循序渐进,符合认知规律。

(2)本书以城市轨道交通自动售检票系统的层次结构为主线,对其及系统设备进行了系统、全面的阐述,将岗位的典型工作任务融入课堂的教学中,在教学过程中逐渐培养学生的岗位技能和职业素养,使其内化为基本素质,以满足城市轨道交通行业对高素质、高技能型人才的需求。

(3)本书采用项目化教学模式进行设计,核心项目按照知识准备和任务实践两部分进行编写,注重理论和实践相结合。每个项目中,知识准备的前面设置了项目导入、知识结构要求、职业能力要求等内容,引导学生进入理论知识的学习;任务实践的后面设置了自我测试与评价、实训训练,培养学生的实践能力和动手能力,强调以学生为中心,突出职业教育的特点。项目的知识拓展内容包含反映行业发展前沿的新知识、新技术。

通过学习,学生应能掌握城市轨道交通自动售检票系统的基本组成和基本工作原理;掌握各种自动售检票设备在地铁运营中的作用与功能;具备相关设备的操作、维护与故障处理等方面的专业能力。

教学资源

本书是在多轮教学实践的基础上,结合企业岗位技能要求编写而成的。考虑到教材篇幅有限,大量相关图片放在多媒体课件中,还有考试题、实训训练内容、授课教案、课程标准,以及视频、动画等多媒体资源,便于高校和企业开展相关教学和培训。

编写团队

本书由辽宁省交通高等专科学校张新宇担任主编,参编人员还有辽宁省交通高等专科学校的陈宏涛、刘继光、薛亮、姜春霞、刘小玲、董威。

致谢

本书的编写得到了人民交通出版社股份有限公司、沈阳新松机器人自动化股份有限公司、沈阳地铁集团有限公司运营分公司的大力支持和帮助。编写过程中,引用了参考文献所列论著的相关内容,以及其他资料,在此向相关作者一并表示衷心的感谢。

由于编者水平有限,存在实践经验的局限性,加上城市轨道交通技术日新月异,资料收集与更新存在一定的难度,书中难免有一些错误和不足之处,恳请读者批评、指正。

编　者

2022 年 2 月

专业术语缩略表

专业缩略语	英文全称(中文全称)
ACC	AFC Clearing Center(自动售检票清分中心)
AFC	Automatic Fare Collection(自动售检票)
AGM	Automatic Gate Machine(自动检票机)
BOM	Booking Office Machine(半自动售/补票机)
CC	Central Computer(中央计算机)
CCS	Central Computer System(中央计算机系统)
CF卡	Compact Flash Card(闪存卡)
CSC	Contactless Smart Card(非接触式智能卡)
CPU	Central Processing Unit(中央处理器)
DOM	Disk on Module(电子硬盘)
EB	Emergency Button(紧急按钮)
ECU	Equipment Control Unit(设备主控单元)
EFS	Encrypting File System(加密文件系统)
ELB	Electric Limited Breaker(断路器)
EMC	Electromagnetic Compatibility(电磁兼容性)
ES	Encoder Sorter(编码分拣机)
GCU	Gate Control Unit(闸机控制单元)
GUI	Graphical User Interface(图形用户接口)
IBP	Integrated Backup Panel(综合后备盘)
IC卡	Integrated Circuit(s) Card(集成电路卡)
ISO	International Organization for Standardization(国际标准化组织)
LAN	Local Area Network(局域网)
LCD	Liquid Crystal Display(液晶显示器)
LCC	Line Center Computer(线路中央计算机)
LED	Light Emitting Diode(发光二极管)

续上表

专业缩略语	英文全称(中文全称)
MCBF	Mean Count Between Failures(平均故障间隔次数)
MTBF	Mean Time Between Failures(平均故障间隔时间)
MTTR	Mean Time of Maintenance(平均维修时间)
NFC	Near Field Communication(近距离无线通信)
OCC	Operated Control Center(运营控制中心)
OS	Operating System(操作系统)
PAC	Portable Analysis Checker(便携式分析查询器)
PCM	Portable Checking Machine(便携式检票机)
PID	Passenger Information Display(乘客显示器)
SAM	Secured Access Module(安全存取模块)
SAN	Storage Area Network(存储区域网)
SC	Station Computer(车站计算机)
SCS	Station Computer System(车站计算机系统)
SJT	Single Journey Ticket(单程票)
SNC	Station Net Computer(车站网络计算机)
SOC	Station Operator Computer(车站操作员计算机)
SVT	Storage Value Ticket(储值票)
TCM	Ticket Checking Machine(自动验票机)
TCU	Ticket Capture Unit(车票回收单元)
TFT-LCD	Thin Film Transistor-Liquid Crystal Display(薄膜晶体管液晶显示器)
TVM	Ticket Vending Machine(自动售票机)
TR	Ticket Reader(读卡器)
UPS	Uninterruptible Power Supply(不间断电源)

数字资源索引列表

序号	资源名称	所在位置	序号	资源名称	所在位置
1	车票种类识别	P7	17	自动售票机概述	P78
2	车票的发行及使用	P9	18	自动售票机组成	P78
3	自动售检票系统架构	P18	19	自动售票机纸币处理模块	P79
4	车站计算机系统介绍及操作	P30	20	自动售票机硬币处理模块	P81
5	自动检票机概述	P41	21	TVM硬币模块设备的基础操作	P81
6	自动检票机总体构成	P47	22	自动售票机单程票发售模块	P81
7	自动检票机组成	P47	23	TVM票卡设备的基础操作	P81
8	自动检票机通道阻挡装置	P49	24	自动售票机硬币钱箱操作	P95
9	自动检票机通行控制	P49	25	自动售票机纸币钱箱操作	P96
10	自动检票机车票传送	P51	26	自动售票机维护操作	P100
11	自动检票机票卡回收机构	P52	27	TVM显示"只收纸币"故障处理	P109
12	自动检票机阻挡装置动作原理	P54	28	半自动售票机概述	P118
13	自动检票机传感器维护	P59	29	半自动售票机操作	P124
14	自动检票机更换票箱	P60	30	BOM无法发售单程票故障处理	P128
15	自动检票机维护操作	P61	31	车票结构认知	P139
16	自动检票机操作面板控制丝杠升降	P64			

目　录

项目 1　自动售检票系统与票务系统 … 1

- 知识准备 … 2
- 理论单元 1.1　自动售检票系统 … 2
- 理论单元 1.2　票务系统 … 10
- 理论单元 1.3　自动售检票系统业务管理 … 13
- 自我测试与评价 … 15

项目 2　自动售检票系统架构 … 17

- 知识准备 … 18
- 理论单元 2.1　自动售检票系统架构总述 … 18
- 理论单元 2.2　自动售检票清分中心系统 … 23
- 理论单元 2.3　线路中央计算机系统 … 26
- 理论单元 2.4　车站计算机系统 … 30
- 任务实践 … 32
- 技能单元 2.1　车站计算机系统的维护 … 32
- 技能单元 2.2　车站计算机系统常见故障及处理 … 34
- 自我测试与评价 … 35

项目 3　自动检票机 ··· 39

◆ 知识准备 ··· 40

理论单元 3.1　自动检票机的分类和工作状态 ·················· 40

理论单元 3.2　自动检票机的功能 ······························· 44

理论单元 3.3　自动检票机设备构成 ···························· 46

理论单元 3.4　自动检票机通行控制 ···························· 53

◆ 任务实践 ··· 55

技能单元 3.1　自动检票机的操作 ······························· 55

技能单元 3.2　自动检票机的维护 ······························· 62

技能单元 3.3　自动检票机常见故障及处理 ····················· 67

◆ 自我测试与评价 ·· 69

项目 4　自动售票机 ··· 71

◆ 知识准备 ··· 72

理论单元 4.1　自动售票机的工作状态 ·························· 72

理论单元 4.2　自动售票机的功能 ······························· 75

理论单元 4.3　自动售票机设备构成 ···························· 77

◆ 任务实践 ··· 82

技能单元 4.1　自动售票机的操作 ······························· 82

技能单元 4.2　自动售票机的维护 ······························ 101

技能单元 4.3　自动售票机常见故障及处理 ···················· 107

◆ 自我测试与评价 ··· 111

项目 5　半自动售票机 ·· 115

◆ 知识准备 ··· 116

理论单元 5.1　半自动售票机总述 …………………………………………… 116

理论单元 5.2　半自动售票机的功能 ………………………………………… 117

理论单元 5.3　半自动售票机设备构成 ……………………………………… 118

◆ 任务实践 ……………………………………………………………………… 119

技能单元 5.1　半自动售票机的操作 ………………………………………… 119

技能单元 5.2　半自动售票机的维护 ………………………………………… 125

技能单元 5.3　半自动售票机常见故障及处理 ……………………………… 128

◆ 自我测试与评价 ……………………………………………………………… 130

项目 6　自动验票机 …………………………………………………… 133

◆ 知识准备 ……………………………………………………………………… 134

理论单元 6.1　自动验票机总述 ……………………………………………… 134

理论单元 6.2　自动验票机的功能 …………………………………………… 135

理论单元 6.3　自动验票机设备构成 ………………………………………… 136

◆ 任务实践 ……………………………………………………………………… 140

技能单元 6.1　自动验票机的维护 …………………………………………… 140

技能单元 6.2　自动验票机常见故障及处理 ………………………………… 142

◆ 自我测试与评价 ……………………………………………………………… 142

项目 7　自动售检票系统安全、容灾与保障 ………………………… 145

◆ 知识准备 ……………………………………………………………………… 146

理论单元 7.1　自动售检票系统安全 ………………………………………… 146

理论单元 7.2　自动售检票系统容灾 ………………………………………… 150

理论单元 7.3　自动售检票系统保障 ………………………………………… 153

◆ 自我测试与评价 ……………………………………………………………… 158

项目 8　自动售检票系统维修电工安全基础 ·············· 161

　　◆ 知识准备 ·· 162
　　理论单元 8.1　用电安全基础知识 ································ 162
　　理论单元 8.2　维修电工安全防范 ································ 167
　　◆ 任务实践 ·· 169
　　技能单元 8.1　常用维修工具的使用 ···························· 169
　　技能单元 8.2　常用仪器仪表的使用 ···························· 171
　　◆ 自我测试与评价 ··· 176

参考文献 ··· 179

项目1

自动售检票系统与票务系统

◎ 项目导入

城市轨道交通的快速发展,一方面方便了人们的出行,另一方面加速了城市发展,增进了城市之间的沟通。城市轨道交通对社会发展的促进作用显而易见,那么,城市轨道交通有哪些作用呢?城市轨道交通是怎么样运行的呢?我们每次乘坐地铁时,购票、充值、刷卡进站等操作与哪些设备有关?

❀ 知识结构要求

1. 了解自动售检票系统的概念与作用。
2. 认识自动售检票系统的重要性。

✖ 职业能力要求

1. 能够指出自动售检票系统的发展方向。
2. 把握自动售检票系统与票务系统的关系。

知识准备

理论单元

1.1 自动售检票系统

一、自动售检票系统应用及相关技术

自动售检票（Automatic Fare Collection，AFC）系统是基于计算机、通信、网络、自动控制等技术，实现城市轨道交通售票、检票、计费、收费、统计、清分、管理等全过程自动化的系统。

自动售检票系统通过计算机技术、现代通信网络技术、自动控制技术、智能卡技术、大型数据库技术、传感技术、统计和财务等专业知识的综合运用，特别是信息技术的运用，大大减轻票务工作人员的劳动强度，使乘车收费更趋于合理化，减少逃票现象，提高地铁运营效率和收益。自动售检票系统涉及的信息技术和知识领域如图1-1所示。

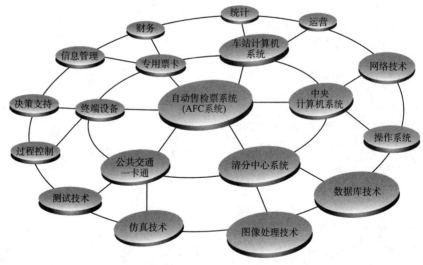

■ 图1-1
自动售检票系统涉及的信息技术和知识领域

AFC系统由中央计算机系统、车站计算机系统、终端设备、专用票卡、网络、各种接口和运作制度等组成。AFC系统是城市轨道交通运行中普遍应用的现代化联网收费系统。

AFC系统通过乘客进、出站刷卡，可以精确记录乘客乘车的起、终点，准确掌握客流时空分布规律，实时统计各条线路及各车站的客流量，为地铁运营组织提供基础数据。针对客流变化，及时调整运力，缓解拥挤，同时可以实现各条线路之间的票款清分。

AFC系统使用单程票卡和储值票卡替代一次性纸质车票，单程票卡和储值票卡可以循环使用，有利于资源的可持续利用和环保。

北京、上海、广州、天津、深圳、南京、沈阳等大城市的城市轨道交通车站都广泛使用了AFC系统作为重要客运管理系统。AFC系统还能在电影院、体育馆、歌剧院、火车站、机场等场所所用。

二、自动售检票系统发展阶段

自世界上第一条铁路首次正式办理客运服务、进行乘客售检票以来，售检票系统就成为收费运营的城市轨道交通的重要子系统之一。其实现了从无到有的由人工售检票、半自动售检票到自动售检票等方式，系统应用日趋完善。

我国的轨道交通建设和发展虽然已有一百多年的历史，但自动售检票系统起步较晚。自第一条轨道交通——上海淞沪铁路开通运营以来，铁路票务系统是从人工售检票开始的，直到20世纪90年代才开始采用半自动售票结合人工检票的方式，2002年实现了国家铁路网部分区域快车站的联网售票结合人工售票。

起步最早的北京地铁，从运营开始，一直到20世纪90年代仍采用人工售检票。上海地铁于20世纪90年代开始了自动售检票的探索，发展速度非常快。城市轨道交通自动售检票系统经历了从无到有、规模从小到大的发展历程，归纳起来可以分为学习研究、引进实践和自主创新三个阶段。

第一阶段——学习研究阶段，收集国外自动售检票系统的资料，对实施自动售检票系统的可行性进行研究分析，并开始研制自动售检票系统终端设备。

第二阶段——引进实践阶段，在我国的城市轨道交通中，逐步引进了几套国外自动售检票系统，提高了运营管理水平和票务数据的处理分析能力。

第三阶段——自主创新阶段，在需求主体的引导下，多家企业进行了多头的生产研发，在合作和仿制的基础上对系统有了更深入的理解，开始结合用户需求进行创新开发。同时，联合制定标准和进行大型攻关，形成了具有特色的从集成电路芯片、终端设备到网络系统的完整产业链和产业群，而且达到总体技术国际同行先进、部分领先的水平。

三、自动售检票系统的发展内涵

自动售检票系统需要根据城市轨道交通规划、客流量需求、票务管理需求，进行系统方案的设计，选择合适的技术平台，实现乘客的自助售检票和信息处理的自动化。

自动售检票系统作为城市轨道交通运营管理重要子系统之一,有其丰富的发展内涵,主要体现在以下几个方面。

1. 人性化

自动售检票系统为乘客设置了符合人体工程学的售票机和检票闸机,方便乘客购票和检票,同时提供了符合需要的便捷的操作方式。

2. 客流导向

自动售检票系统可方便地实现乘车路径和优惠票价管理,可以通过票价设定来为乘客提供导向性服务,合理调整客流分布。

3. 社会效益

自动售检票系统具有社会效益。一方面可通过自动售检票系统实现对区域交通客流状况的调整,对社会生活产生影响;另一方面可通过自动化的设施影响人们的行为方式,规范管理模式,防止票务工作中的不规范行为。

4. 提供信息支持

自动售检票系统能够提供客流量、票务收入等统计信息,为城市轨道交通的运营、规划和管理决策提供信息支持。

5. 提高运行效率

城市轨道交通运营单位可根据自动售检票系统的客流信息及时调整运行组织,合理安排运能,提高运行效率。

6. 强化安全管理

借助自动售检票系统付费区的封闭条件,可对乘客在车站内的行为进行管理。在紧急情况下,可通过闸机的禁行和放行措施疏导客流,实现安全管理。另外,还可通过闸机的关隘作用,协助社会治安管理。

7. 提升形象

自动售检票系统,增强了城市轨道交通与乘客之间的操作交互性。良好的应用效果可以提升运营企业和所在地区的形象。

四、自动售检票系统的主要功能

自动售检票系统的主要功能如下:

①实现中央计算机系统、车站计算机系统和终端设备之间的数据传输和处理;

②完成车票制作、售票、检票、票务统计分析等工作;

③及时、准确地进行客流、票务数据的收集、整理、汇总和分析;

④实现城市轨道交通收益方的清分结算以及与关联系统等外部接口之间的清分结算,同时可通过银行或金融机构实现账务划拨。

五、自动售检票系统的发展方向

随着城市轨道交通的快速发展、相应技术的进步以不同政策组合的灵活应用,城市轨道交通自动售检票系统总的发展方向是标准化、简单化、集成化和人性化。

1. 标准化

为实现城市轨道交通自动售检票系统的简捷性和大集成,必须制定标准和规范,统一系统设备和终端设备,使系统互联互通,采用统一车票媒介,实现不同线路之间的方便换乘。

2. 简单化

为适应快节奏的社会生活,乘客必然选择操作简单、出行高效的交通工具。城市轨道交通自动售检票系统必然沿操作简单化方向发展。城市轨道交通自动售检票系统的简单化包括:

①将复杂的自动售检票系统通过系统集成,简化乘客的使用操作;
②通过人性化的设计,提高乘客的操作效率;
③随着认知水平和科技水平的不断提高,实现系统架构和技术升级。

3. 集成化

城市轨道交通路网的形成使自动售检票系统规模越来越大,同时,城市轨道交通与交通方式之间的关系也越来越密切,互相兼容、联乘优惠、跨系统结算等必然造成各种系统的集成化程度越来越高。建立统一、标准化、跨平台、跨系统的自动售检票系统应用平台是未来自动售检票系统发展的必然方向。

4. 人性化

自动售检票系统本来就是密切结合应用和利益的系统,从"以人为本"的理念出发,自动售检票系统的操作方式和界面也必然越来越人性化,其人性化包括:

①根据人体工程学基本原理设计终端设备的人机界面;
②设计符合乘客习惯的操作方式;
③设计合适的出入口通道,方便使用轮椅、推折叠式婴儿车的乘客;
④向人们提供越来越多的相关信息。

总之,随着科学技术的进步和人们对出行便捷、舒适要求的提高,城市轨道交通自动售检票系统的自动化程度会越来越高,对运营管理的支撑作用也将越来越大。

六、自动售检票系统新技术应用

伴随着移动互联网和手机支付技术的快速发展,以及银行、运营商及第三方支付对移动支付应用的大力推广,手机支付的普及已经势不可当。传统的支付消费产业正向全新的互联网金融业迈进。城市轨道交通自动售检票系统必将迎来一场巨大的技术变革,这一变革将会给乘客带来更加便利的购票和进站体验。

1. 线上购票、线下取票

乘客可以通过地铁的购票 App、微信公众号、支付宝城市服务等网络途径来购买地铁单程票。购票成功后,会在手机上自动生成购票二维码,乘客持购票二维码便可在车站互联网兑票机上换取单程票乘车。

2. 自动售票机扫码支付

乘客在自动售票机上购票不再局限于现金支付,还可以通过微信或支付宝扫描自动售票机屏幕上的二维码来完成支付。

3. 手机二维码刷码过闸

在传统闸机的基础上增加扫码枪,使闸机具有扫描二维码和验证二维码的功能。乘客通过手机购买单程票生成了购票二维码后,不需要再到车站互联网兑票机上换取实体车票,只需让闸机扫描该二维码,验证通过后即可过闸。

4. NFC 刷卡过闸

将具有 NFC(Near Field Communication,近距离无线通信)功能的手机或其他智能终端作为票卡模式,乘客可以通过刷 NFC 终端来过闸。

5. 刷脸过闸

闸机上安装的人脸识别系统现场采集人脸信息,采用人脸识别算法,对人脸进行检测、对面部特征进行提取,形成一个人脸模型,接着和之前提取的人脸模型进行对比,并把对比结果发送给闸机,作为闸机是否开门的依据,实现人员的通行控制。

 知识拓展

一、车票的种类

城市轨道交通车票普遍采用非接触式 IC 卡。车票按应用方式的不同,可分为单程票、储值票、纪念票、员工票等。车票可按需要封装成卡片、筹码(token)或其他形式(异形卡)。卡片型车票的尺寸规格应符合表 1-1 的规定。

卡片型车票的尺寸规格(单位:mm)　　　　　表 1-1

种类	尺寸规格							
	长		宽		厚		切角半径	
	最小	最大	最小	最大	最小	最大	最小	最大
储值票	85.47	85.72	53.92	54.03	0.68	0.84	2.88	3.48
单程票					0.40	0.58		

1. 单程票

单程票只限于在城市轨道交通使用,一次性使用。单程票可通过自动售票机和票房售票机出售。单程票在出售时写入金额,在乘客出站时被出站闸机回收,并被写上回收信息。单程票在发售当天、当站进站有效,当实际使用金额小于购票金额时,不返还车票余额;当实际使用金额大于购票金额时,乘客应补票,才能出站。

单程票内置芯片,采用PET(正电子发射型计算机断层显像)技术封装,方便回收,可以重复使用。交易平均故障率低于0.1%。在城市轨道交通使用环境中,使用寿命超过2年。

2. 储值票

储值票采用票值的表示方式,储值票在充值时对车票余值进行累加,出站消费时扣除相应的乘车金额,且系统根据参数的设定允许储值票透支,并规定相应的透支次数。

储值票还可由AFC系统来设置更多的种类,以满足不同的需求。使用方法为刷进刷出,不回收。

3. 纪念票

纪念票分为定值纪念票、计次纪念票和定期纪念票。

定值纪念票可以在有效期内使用,每次乘车按里程计费,直至余额不足为止。

计次纪念票在有效期内计次使用,每次乘车不计里程,直至次数用完为止。

定期纪念票在有效期内不限次数使用。

纪念票不能充值、不挂失、不回收,其销售金额由AFC系统下发的参数决定。

4. 员工票

员工票与储值票类似,只是在进出城市轨道交通检票设备时处理的方式不同。AFC系统可设置持员工票出入站时采取扣钱方式,或采取计次方式,或采取不做任何交易记录的方式等,并根据员工工作需要,设置员工在各车站是否具有相应的特权等。特权为以下几种方式的组合:

①每日使用次数。

在每个运营日内该员工票可在城市轨道交通内的使用次数。

②每日使用时间。

在员工工作时间内进出站时允许使用员工票,非工作时间不允许使用。

③进出站地点。

限制员工票只能在某些车站(与该员工工作相关的车站)使用。

车票种类识别

二、车票处理流程

1. 初始化

所有系统将要发售的车票都必须经过编码/分拣机对其进行初始化后才能使用,已初始化的车票可以进行再初始化。

2. 售票

售票是指已初始化的车票经过处理后以一定的方式销售给乘客使用。售票处理主要是根据车票类型和乘客要求,向车票写入有关信息,如票值、使用有效期、设备号等。售票方式一般如下。

①半自动售票:通过半自动售(补)票机辅助票务员售票。

②自动售票:乘客通过自动售票机自助购买单程票或储值票。

3. 检票

检票是指乘客持车票进出站时接受检票处理。检票又分进站检票和出站检票。

(1) 进站检票。

进站时,单程票和储值票将分别作如下处理。

单程票:读取单程票信息,经确认有效后,将被写上进站时间、地点、车站代码、检票机代码等信息。

储值票:将被写上进站时间、地点、车站代码、检票机代码等信息。

(2) 出站检票。

出站时,单程票和储值票将分别作如下处理。

单程票:如果车票有效,则通过出站检票机回收,回收后清空使用区数据;如车票无效,退还给乘客并提示乘客补票。

储值票:写入返回标识、应用有效期、扣除乘车金额、历史交易记录(如记录区满,覆盖最旧的记录,记录区保留最近10次交易记录)。

4. 加值

乘客使用现金等方法增加储值票中的金额(次数),新余额(次数)及充值记录等数据被写入票卡中。

5. 退票

在人工售票/补票机上可应乘客要求办理退卡(票)手续。系统记录卡类型、卡号、卡中余额、实退金额等信息。回收的票应打上退票标识,交由城市轨道交通票务中心统一处理。退票业务要具有安全措施,防止欺诈行为。

符合即时退款条件的(如单程票等),人工售票/补票机完成退票处理,打印有关收据,票务员收取手续费后将相应票内金额以现金方式退给乘客。退票有关信息传送到车站计算机和中央计算机。

6. 验票

在验票机或人工售票/补票机上查询余额,显示车票类别、发售日期、车票金额、最近10次交易记录(单程票不显示该项信息)等信息。

7. 回收

单程票通过出站检票机检票回收和完成初始化,再经过自动售票机或人工售票/补票机重新赋值(售票)后投入循环使用。

储值票在售出后可通过充值方式循环使用,亦可因退票、折损、达到使用上限而被回收。回收的城市轨道交通储值票交由城市轨道交通票务中心统一处理,其中能再使用的车票经重新初始化赋值后会被再次投入使用。回收车票的信息上传至中央计算机系统存储。

车票的发行及使用

理论单元

票务系统 1.2

一、票务系统概述

城市轨道交通是承载城市客运的主干交通体系,它能有效解决大客流、远距离、快速、准点等城市交通难点,提供畅达、安全、舒适的交通服务,具有人性化、捷运化、信息化、生态化等基本特征。其最典型的特点如下:

①提供高效的中、远距离客运服务;

②适应频繁的瞬间大客流冲击;

③单项交易金额较小,但总交易量大,导致总交易金额巨大。

为适应城市轨道交通的特点,应建立相应的票务系统。

城市轨道交通票务系统是城市轨道交通运营方为乘客提供快捷、优惠的出行,有效进行票务收入管理,合理配置运营系统(运营设备、运营模式)资源而建立的一套满足城市轨道交通票务管理需求的系统。

早期的票务系统仅是一套(预)付费系统,即制定运营收费价格,通过发行预付凭证(如车票)和规定必要的使用程序,根据乘客手中持有的预付凭证上所记录的信息提供相应的客运服务。其使用程序如下:

①乘客花费一定的金额购买预付凭证;

②在出行时,出示预付凭证并通过有关设施检查;

③以预付凭证所记录的金额(票证金额)或使用次数为限,对符合使用条件的金额或使用次数进行减值操作;

④通过以上方法代替现金等支付手段,向乘客提供交通出行服务。

城市轨道交通票务系统主要是制定票价等运营策略,对车票制作、车票出售、入站检票、出站检票和补票、罚款等运营收入信息进行有效管理。随着系统功能外延的不断扩展,票务系统也承担起对运营状况进行监控和管理的职责。合理的票务机制能有效培育客流和提高运营效益。建立路网自动售检票系统,有利于高效实施城市轨道交通票务系统管理,提高票务结算的公正性、公平性,同时提高乘客的出行效率。

原则上说,不管采用何种售检票方式,票务政策都是恒定的,所以说自动售检票系统只是票务系统的一种体现或实施方法。

城市轨道交通线路的售检票系统对于不同车票介质,如塑质磁卡车票、纸质磁卡车票、IC卡车票和纸票,均能对运营收入信息进行有效的管理。不论城市轨道交通有何差异,都应建设一套符合自身需要的票务系统以便进行票务管理。

二、票务系统规划的意义

城市轨道交通票务系统是城市轨道交通票务收入和结算的基础,只有通过安全、可靠和完备的自动售检票系统,才能有效地实施票务的结算和清分。

票务系统的统一规划,是实现线路之间换乘的基础条件。如果没有票务系统的统一规划,可能导致各条线路之间票务系统不兼容、车票介质不兼容,因而无法实现互联,不能实现信息的共享,也无法进行交易数据的清分。

票务系统的统一规划,是实现城市轨道交通网络人性化、捷运化和信息化的必要条件。在城市轨道交通网络中,只有各线路均采用了票务系统规划所统一制定的车票制式、系统接口和清分算法,才能保证整个城市轨道交通网络在收费区内直接换乘。

在规划票务系统时,应本着"以人为本"的原则,其意义主要表现为以下几点:

①有利于提升城市轨道交通行业的社会形象和服务区域形象;
②有利于提高运营管理水平,保障票务收益;
③有利于管理责任落实,保证交易数据和票务信息的安全;
④有利于简化操作,方便出行,提高乘客的出行效率;
⑤有利于提供准确的客流及票务统计分析数据;
⑥有利于减少现金交易、人工记账及统计工作,提高准确率和效率。

三、票务系统的业务管理和实施

票务系统的业务管理是借助自动售检票系统来实现的。其主要内容有票卡管理、规则管理、信息管理、账务管理、模式管理、运营监督等。

要合理、有效地实施城市轨道交通票务系统,必须对售检票方式、系统架构、车票制式、票务政策等有清晰的认识,并采取相应的对策。

1. 售检票方式

乘客在选用车票(如单程票、储值票或其他票种)时,会综合考虑该票种的使用成本和方便性,总是希望所使用的设备界面简单、操作便捷。

售检票方式的选择直接关系乘客的操作和系统设备的配置。采用合理的售检票方式可以提高售检票效率,减少乘客在车站的停留时间。

通常,城市轨道交通售检票方式可分为以下三种。

①人工售检票:人工完成售票、检票和票务数据统计。
②半自动售检票:人工参与,设备辅助完成售票、检票和票务数据统计。
③自动售检票:售票、检票和票务数据统计均由设备自动完成。

2. 系统架构

票务系统中的自动售检票系统架构,一般分为以下五种:

①单线路式自动售检票系统架构;
②分散式自动售检票系统架构;
③区域式自动售检票系统架构;
④完全集中式自动售检票系统架构;
⑤分级集中式自动售检票系统架构。

针对不同的客观需求,在设计城市轨道交通网络自动售检票系统总体架构时应考虑以下因素:
①能够适应城市轨道交通的战略目标和远景规划;
②尽量使乘客能在付费区内直接换乘;
③满足多元投资的收益分配需求;
④有助于网络化高效运营管理;
⑤系统接口层次清晰,扩展更新方便;
⑥车票制式简洁、清晰。

3. 车票制式

票务系统中影响最大的因素之一是车票制式,它决定了系统信息的组成。其中,车票媒介是乘客使用情况的信息载体,也是系统运营数据的关键源头。一旦确定系统的车票制式,再对其进行更改将会造成极大的影响,所以对车票制式的选择需要特别慎重。

4. 票务政策

票务政策是票务系统行使工作职责的依据,包括定价原则、票款清分原则、票务管理原则等。它是投资及运营根本目标的反映,涉及政府、企业和乘客的利益,也将影响城市轨道交通的发展方向。

四、城市轨道交通票务系统与自动售检票系统的关系

城市轨道交通票务系统是自动售检票系统实施的必要环境和基础;而自动售检票系统是城市轨道交通票务系统的实现手段之一,它能有效提高城市轨道交通票务系统的管理水平和效益。城市轨道交通票务系统是城市轨道交通票务收入和结算的基础,只有通过安全、可靠和完备的售检票系统才能有效地实施票务的结算和清分。

为有效行使城市轨道交通票务系统的管理职责,提高票务结算的公开性、公平性和公正性,提高乘客的出行效率,在投资许可的情况下,宜建立路网自动售检票系统。该系统的建立,可大量减少票务管理人员、提高城市轨道交通系统的运行效率和效益。同时,通过该系统对客流量、票务收入等综合业务信息的汇总分析,可以强化客流分析预测的能力,合理地调配车辆,提高票务系统工作效率,进而提高网络化运营管理水平。

自动售检票系统与票务系统的对应关系主要表现在客流、票制、统计与结算、票务处理等方面。

自动售检票系统业务管理 1.3

城市轨道交通自动售检票系统业务管理是运用物流、信息、财会、统计等必要的技术方法,通过该系统的网络、计算机等设备,充分发挥自动售检票系统整体功能,以满足运营管理的需求。

一、业务管理的内容及主要职责

一个较为完整的城市轨道交通自动售检票系统业务管理通常包括票卡管理、规则管理、信息管理、账务管理、模式管理、运营监督等六类主要内容。

这六类业务管理内容通常被赋予以下主要职责。

①票卡管理。票卡是乘客乘坐城市轨道交通的有效凭证,是自动售检票系统中不可缺少的信息载体和信息交互媒介。票卡管理就是对票卡的发行、发售、使用、票务处理和回收等全过程进行有效管理。城市轨道交通的正常运营离不开对票卡的有效管理,包括车票的编码定义、初始化、赋值发售、使用管理、进/出站处理、更新、加值、退换、回收、监督管理、注销、黑名单管理等。

②规则管理。自动售检票系统涉及多部门、多环节,要确保这些部门和环节有效协作、高效联动,就必须依托一整套科学、严密的规则和流程。规则管理就是为确保系统规范运作,而制定出一系列规则和流程并加以实施,包括票价策略、收益分配、结算规则、权限管理、操作流程等。

③信息管理。城市轨道交通自动售检票系统是一个庞大的信息系统,涵盖了乘客进/出站、乘车费用、流向、流量等基本信息,同时为满足运营管理及相关各方的需求,必须对系统收集的基本数据进行深度挖掘、加工,开展统计分析并发布信息。信息管理就是对系统中相关的信息进行收集、传递和处理,包括信息收集、信息传输、信息存储、信息统计分析、信息发布等。

④账务管理。城市轨道交通自动售检票系统涉及票卡发售、票款汇缴、收入清分、资金划拨等一系列账务处理过程。账务管理就是对系统内的票务收入进行汇缴、分配、入账等过程的管理,包括账户设置、票款汇缴、登账稽核、收益清算、对账、资金划拨和对凭证进行有效管理等。

⑤模式管理。模式管理就是针对不同的运营状况、条件所做出的相应操

作行为的选择和实施，包括正常运营模式、降级运营模式及相配套的运营管理。

⑥运营监督。系统运营涉及通信、信号、列车、运营组织以及乘客、线路、车站等方面。城市轨道交通自动售检票系统运营监督就是通过本系统的设备以及所具有的完整、严密、及时的信息流对运营状况进行实时跟踪监督，以提高运营质量和服务水平，包括信息传输状况监督、客流状况监督、车票调配监督、收款监督、收益监督等。

二、业务管理的主要技术要求

针对城市轨道交通客流量大、时效性强的特点，对自动售检票系统总的技术要求是操作简单、处理快捷、计价准确、制度严密、收益清晰、资金汇缴和划拨及时。由于业务管理内容不同，其主要技术要求也有所不同。

票卡管理要做到及时、安全、有效，规则管理要求清晰、合理、严密和可操作，信息管理要做到完整、及时、准确，账务管理要做到清晰、及时、准确，模式管理要做到合理、安全、高效，运营监督要做到及时、透明、有效。

业务管理计算机系统实施策略应合理、经济、有效。

合理就是针对不同业务需求选择恰当的实施策略。不同的系统规模或社会环境，对业务的要求是不同的。当社会环境比较良好时，对系统的选择能简则简，否则，要充分考虑各种影响系统运行的因素，对各种重大或关键影响都要有技术或管理的相应手段。

经济是指在设备配置和策略选择时应考虑初期的建设投入及维护成本支出，要以系统的全寿命周期成本作为核算对象，在需求难定义、系统要扩展、技术更新快的时候，以解决现实问题为主，适当留有拓展空间。

有效是在选择策略时要考虑整体效果，要从系统技术到管理措施、体系架构与制度建设结合，做到局部合理、整体最优。

三、业务管理模式

根据自动售检票系统的基本架构，业务管理模式可分为集中管理模式、分级集中管理模式和分区域管理模式。

①集中管理模式是中央计算机系统负责中央的全部业务，也就是说，由设置在路网的中央计算机系统负责全部线路的业务管理，而线路仅负责车站和终端的管理，所有的线路通过各自的通信前置处理设备与路网的子系统连接。

②分级集中管理模式是由设置在路网的中央计算机系统负责处理路网业务，如票务清分和结算、参数和票卡管理等，由设置在每条线路的中央计算机系统负责线路业务的管理，由设置在车站的计算机系统和车站终端设备负责车站业务的管理。整个中央计算机系统的业务分布在路网和线路上，相互之间通过传输系统连接，进行分级集中管理。

③分区域管理模式是集中管理模式和分级集中管理模式的结合。这种管理模式是为对应的城市轨道交通网络结构配置的。

自我测试与评价

一、判断题

（　　）1. 为实现城市轨道交通售检票系统的简捷性和大集成，必须制定标准和规范，统一系统设备和终端设备，使系统互联互通，采用不同车票媒介，实现不同线路之间的方便换乘。

（　　）2. 为适应快节奏的社会生活，乘客必然选择操作简单、出行高效的交通工具。城市轨道交通自动售检票系统必然沿操作复杂化方向发展。

（　　）3. 城市轨道交通票务系统主要是制定安全管理等运营策略，对车票制作、车票出售、入站检票、出站检票和补票、罚款等运营收入信息进行有效管理。

（　　）4. 原则上说，不管采用何种售检票方式，票务政策都是变化的，所以说自动售检票系统只是票务系统的一种体现或实施方法。

（　　）5. 根据自动售检票系统的基本架构，业务管理模式可分为集中管理模式、分级集中管理模式和分区域管理模式。

二、填空题

1. 自动售检票系统是基于计算机、通信、网络、自动控制等技术，实现城市轨道交通售票、检票、计费、收费、统计、清分、管理等全过程（　　）的系统。

2. AFC 系统是国际化大城市轨道交通运行中普遍应用的现代化（　　）系统。

3. 自动售检票系统针对（　　），及时调整运力，缓解拥挤，同时可以实现各条线路之间的票款清分。

4. 城市轨道交通票务系统是城市轨道交通（　　）为乘客提供快捷、优惠的出行，有效进行票务收入管理，合理配置运营系统资源而建立的一套满足城市轨道交通票务管理需求的系统。

5. 随着系统功能外延的不断扩展，票务系统也承担起对（　　）进行监控管理的职责。

三、简答题

1. 城市轨道交通自动售检票系统的主要工作内容有哪些？
2. 自动售检票系统的人性化体现在哪几个方面？
3. 简述城市轨道交通票务系统与自动售检票系统的关系。

实训训练

地铁 AFC 系统现状和发展情况调研

通过实地调研和查阅有关资料，了解至少 4 个城市的地铁 AFC 系统现状和发展情况，并完成表 1-2。

地铁 AFC 系统现状和发展情况调研表　　　　表 1-2

城　市　名　称	首条地铁线路开通时间	AFC 系统发展现状	新技术使用情况

项目2

自动售检票系统架构

◉ 项目导入

随着城市建设的不断发展,城市轨道交通已从单线运营阶段进入网络化运营阶段,自动售检票系统层次结构也由单线建设的 2 级管理体系(线路中心→车站)提升到 3 级管理体系(清分中心→线路中心→车站),形成了分层架构形式。因此,了解自动售检票系统架构、各层级设备构成及实现功能,具有重要意义。

❀ 知识结构要求

1. 了解自动售检票系统的层次结构和基本架构。
2. 认识自动售检票系统各种设备。

❀ 职业能力要求

1. 能够认识自动售检票系统的层次结构。
2. 能够进行自动售检票计算机系统设备的维护。
3. 能够正确处理自动售检票计算机系统设备的常见故障。

城市轨道交通自动售检票系统检修

知识准备

自动售检票系统架构总述 2.1

城市轨道交通自动售检票系统的架构是多种多样的,系统架构的选择与城市轨道交通网络结构、售检票方式、清分需求、车票媒介等相关。

在封闭的环境下,自动售检票系统的设备根据地理位置分布在城市轨道交通各个车站;根据业务需求,自动售检票系统在不同的层面处理不同的业务;根据系统架构,构建路网售检票系统的中央计算机系统、线路中央计算机系统、车站计算机系统、车站终端设备和车票。

一、自动售检票系统基本架构

城市轨道交通自动售检票系统处理城市范围内众多轨道交通线路的售检票业务,涉及路网业务、线路业务、车站处理、终端处理和车票媒介方面的内容。根据业务和应用,自动售检票系统架构包括五个层次:第一层是路网层,第二层是线路层,第三层是车站层,第四层是终端层,第五层是车票层,具体如图 2-1 所示。

自动售检票系统架构

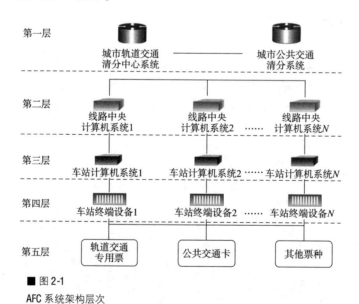

■ 图 2-1
AFC 系统架构层次

在自动售检票系统架构中，相邻层次是通过对应的接口和协议实现连接的，在连接之前必须确定各相邻层次的接口方式和协议。

二、自动售检票系统的售检票方式及计价方式

(一) 售检票方式

售检票系统是城市轨道交通运输组织的一个非常重要的环节。根据售检票作业的环境，售检票方式分为开放式售检票方式和封闭式售检票方式。

1. 开放式售检票方式

开放式售检票方式是指车站不设检票口，乘客在上车前（指进入付费区后）或在列车上进行检票，并随机查票的售检票方式。这种方式一般适用于客流量较小的系统，同时要求乘客有较高的素质。

2. 封闭式售检票方式

封闭式售检票方式是指乘客进、出付费区都要经过检票口检票的售检票方式。这种方式能够减少或杜绝无票乘车现象，减少或避免票务流失。

在采用封闭式售检票方式的作业环境下，售检票方式又可分为人工售检票方式、半自动售检票方式、自动售检票方式。

(1) 人工售检票方式。

人工售检票方式是一种完全由人工来完成售票、检票和票务数据统计的方式。这种方式的特点是需要大量的票务人员，占用车站较大的空间，且乘客在售检票过程中花费的时间较长。

(2) 半自动售检票方式。

半自动售检票方式是一种由人工参与，设备辅助来完成售票、检票和票务数据统计的方式。相对于人工售检票方式，这种方式需要配备的票务人员相对较少，系统自动化程度较高，并借助计算机和网络技术，在票务数据统计上实行了自动化管理。同时，由于有设备辅助，乘客在购票、检票等过程中花费的时间相对较少。

(3) 自动售检票方式。

自动售检票方式是一种完全由乘客自行操作售检票设备来完成售票、检票，并由设备自动完成票务数据统计的方式。智能化的售检票设备，为乘客提供人性化的操作界面，让乘客方便、快捷地乘坐城市轨道交通。

(二) 计价方式

计价方式将直接影响售检票方式和售检票系统的构成。计价方式通常分为单一票价、计程票价和区域票价。

1. 单一票价

单一票价是根据乘车次数（完成一个完整的进、出站检票过程计为一次）进行计费，与实际乘坐的距离长短无关。自动售检票系统在处理乘客的

乘车时,依据统一票价进行处理。

2. 计程票价

计程票价是经进、出站检票口检票,严格按照实际乘坐的距离长短(里程或乘坐车站数)并根据票价计费标准计算乘车费用。自动售检票系统在处理乘客的乘车时,依据里程或乘坐车站数严格计价。

3. 区域票价

区域票价是将运营线路总长度分为若干个区域(区间),根据票价计费标准,在各区域(区间)内采用同一票价;实际运营距离跨越一个或多个区域(区间)时,根据乘车的区域(区间)数进行计费。自动售检票系统在处理乘客的乘车时,依据不同区域不同计价的原则进行处理。

三、自动售检票系统设备组成和功能

(一) 系统设备组成

根据前述自动售检票系统架构的五层模型,自动售检票系统对乘客一次乘车进行完整处理时,系统的中央计算机系统、线路中央计算机系统、车站计算机系统、终端设备和车票媒介协同作业,各尽其责,共同完成全过程。

1. 中央计算机系统

中央计算机系统需要对整个路网进行运营管理和票务管理。

中央计算机系统依据收益清分管理需求确定系统是否具有跨线换乘清分的功能,保证票务交易数据的安全性、不可抵赖性和有效性,并决定系统的架构和组成。中央计算机系统的应用功能包括车票管理、车票发行、票务清分、票务结算、财务管理、运营参数管理、票务参数管理、安全管理报表统计、运营模式管理、运营监控、票务监控监视、系统维护和接入测试以及与外部接口(如银行系统或允许在轨道交通内使用的外部卡发行商清算系统等)交换数据等。

2. 线路中央计算机系统

线路中央计算机系统负责线路自动售检票系统自动运行监控和票务信息管理,包括采集汇总、转发、分类统计、客流分析、营收款统计以及与路网其他中央计算机数据处理系统的数据交易转发、对账和结算等;还需具有与外部卡发行商清算系统之间的通信接口,包括外部卡在本线路内的各种票务数据转发、确认双方票务交易数据的一致性、日切统计对账和财务结算等处理。

3. 车站计算机系统

车站计算机系统负责把车站内的各种自动售检票系统的终端设备产生的票务交易数据、设备运行状态和维护日志等上传给线路中央计算机系统,并接收线路中央计算机系统下传的各种运行参数和命令等。车站计算机系统中的车站计算机负责与本站各类自动售检票终端设备的通信,接收自动售

检票终端设备主动发送的票务交易数据和设备状态等数据,下发运行参数和相关命令等。车站计算机系统具有独立的自动售检票运营监控、票务监控和分类统计等管理功能。

4. 终端设备

终端设备将根据票务规则验证车票,进行车票费用处理,收集票务信息并上传,同时接收车站计算机系统下发的命令和运行参数。

自动售检票系统中的终端设备根据用途划分,主要包括分拣编码机、自动检票机、自动售票机、半自动售/补票机、自动加值机、便携式验票机等。

5. 车票媒介

已有的车票媒介有视读印刷票、机读印刷票、磁票、智能卡等。终端设备与处理的票卡相关。

由于车票媒介决定了终端设备的选型,所以对车票媒介的选择是非常重要的。选用非接触式 IC 卡作为轨道交通车票已是大趋势,且非接触式 IC 卡已被广泛使用。

(二) 系统功能

1. 票务管理功能

票务管理主要有发卡、售票、检票和结算功能。

(1) 发卡功能

发卡功能包括票卡编码、票卡初始化发行、储值票处理、调配、挂失、注销、销卡等。

(2) 售票功能

乘客在车站非付费区内可以通过自动售检票系统的终端设备如自动售票机或半自动售票机购票。终端设备根据中央计算机系统下发的运行参数和票务参数,按照乘客需求,为乘客提供乘车的有效凭证(车票)。

(3) 检票功能

乘客进站时,进站检票机将对乘客所持有的车票进行合法性和有效性检查,如果所持车票合法,则在车票中写入乘客的进站信息并开闸放行,允许乘客进入车站付费区。

乘客出站时,出站检票机将对乘客所持有的车票进行有效性检查,如果所持车票有效(包括车票计程、计时有效或车资足够),储值票被扣除相应票款后在车票中写入出站信息,单程票则由出站检票机自动回收,开闸放行让乘客出站。出站检票时,如发现乘客无票,或所持车票无效,或单程票金额不足等,都会提示乘客到补票亭按照有关规定进行补票处理。

(4) 结算功能

所有票务交易数据均由自动售检票系统的各类终端设备产生,经车站计算机系统上传到线路中央计算机系统或中央计算机系统,根据票务政策、清分规则和结算方法进行票款清分、清算和结算处理、银行划账、收益方对账等。

2. 数据处理功能

城市轨道交通网络的票务管理由众多数据流组成,包括交易信息流、车票流、资金流、乘客流、列车流、凭据流、备件流、控制流、指令流等。其中,交易信息流、车票流和资金流是票务管理的主要输入数据源;备件流、控制流和指令流是自动售检票系统运行管理的输入源;交易信息流、车票流、乘客流和列车流是客流分析的输入源;交易信息流、车票流、资金流和凭据流是财务管理的输入源。

中央计算机系统或线路中央计算机系统主要用于上述各种数据流的收集、生成(含下发)、统计、分析和使用,并提供联机存储和存储管理、数据备份/恢复等可靠性方面的处理。

城市轨道交通的数据流是整个自动售检票系统运营管理能力和效率的重要基础支持之一。它负责将自动售检票系统中由底层设备产生的各类数据上传至其上层系统,将上层系统的控制指令和参数信息下传至底层设备。同时数据流在各层系统进行汇总、统计以产生各种用于管理的统计信息,从而完成对自动售检票系统运营管理的支持。

根据数据的来源和用途,系统数据分为以下几类:

①运营数据:设备和系统的运营状态信息,设备运行状态信息。

②交易数据:设备和系统产生的交易数据信息。

③控制数据:系统向设备等发送的控制命令信息。

④管理数据:系统向设备发送的各种用于管理的数据。

自动售检票清分中心系统 2.2

一、自动售检票清分中心系统概述

自动售检票清分中心（AFC Clearing Center，ACC）系统为各线路统一制定、发行和管理城市轨道交通专用车票，实现互联互通，并实现城市轨道交通专用车票与"城市公共交通一卡通"在地铁各线路中的应用。

ACC是AFC系统联网收费的清分中心，负责城市轨道交通"一票通""一卡通"所必需的运行管理。它将制定所有与线路中央计算机相关的接口协议及AFC系统的技术标准和业务规则，对各个线路进行统一的业务规范管理、票务管理、安全管理，并实施清算。

二、自动售检票清分中心系统功能

ACC系统的主要功能包括如下几个方面（图2-2）。

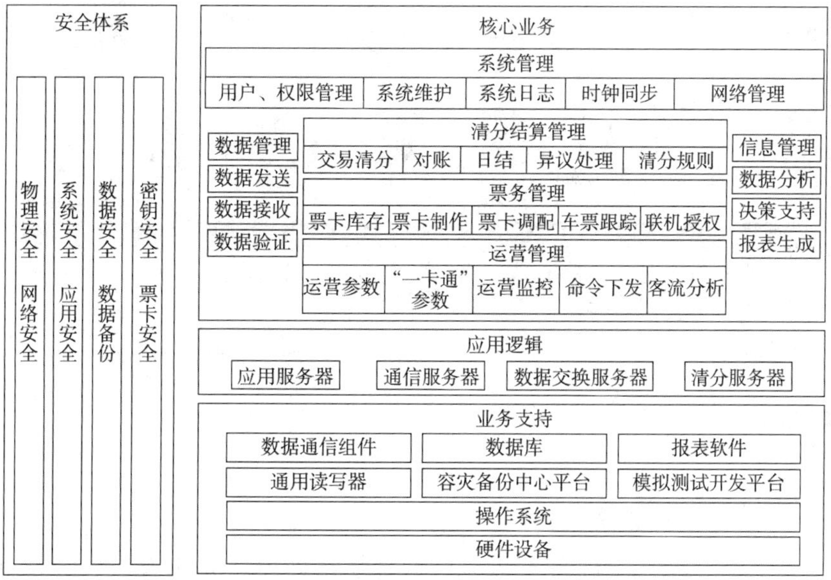

■ 图2-2
ACC系统总体功能架构示意图

①ACC系统制定AFC系统运营的各项规则，包括车票、票价、清算、对账业务规则、车票使用管理及调配流程、运营模式控制管理流程、运营参数、安

全管理的流程与授权、终端设备统一乘客服务界面、系统接口和编码规则等。

②ACC 系统统一发行城市轨道交通车票,并进行车票的动态调配和跟踪,实现城市轨道交通各线路统一的车票发行及车票管理。

③ACC 系统通过其全局票务与安全系统支撑各线路 AFC 系统运行,负责收集、统计、分析、查询运营数据,负责"一卡通"车票交易收益在城市轨道交通系统不同线路之间的清分,实现城市轨道交通系统与"一卡通"系统间的清算、对账。

④ACC 系统下发各类参数和命令,确保整个 AFC 系统正常、安全运营。

⑤ACC 系统具备时钟同步功能,提供城市轨道交通 AFC 系统的时钟源。

⑥ACC 系统设有编码分拣机设备,编码分拣机具有对车票进行初始化、赋值、分拣、校验、注销等功能。

⑦ACC 系统统一管理 AFC 系统密钥。

⑧ACC 系统统一向一卡通公司发送"一卡通"票卡在城市轨道交通的使用记录,接收一卡通公司发送的"一卡通"清分对账记录。

三、自动售检票清分中心系统设备

ACC 系统主要硬件设备包括服务器、存储设备、编码分拣机、交换机、不间断电源、打印机等(图 2-3)。

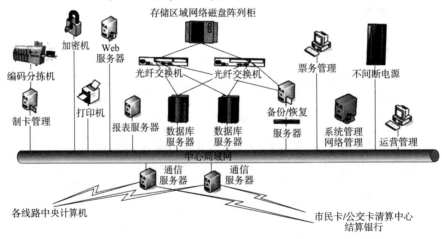

■ 图 2-3
ACC 系统主要硬件设备示意图

1. 服务器

服务器包括清分及线网运营服务器、历史数据及报表服务器、通信及数据交换服务器、网管服务器、备份服务器、时钟服务器、病毒服务器等。

2. 存储设备

存储系统采用存储区域网(Storage Area Network,SAN)存储结构。城市轨道交通 ACC 系统的存储设备主要包括存储交换机、磁盘阵列、磁带库、移动存储设备、功能工作站等。

3. 网络设备

网络设备主要是交换机,包括清分核心网络交换机、清分通信网络交换机、清分测试平台网络交换机、通信网络交换机、防火墙和入侵检测设备等。

4. 读写器

读写器是一个功能独立的,与安全存取模块(Secured Access Module, SAM)配合,在其读写范围内可实现车票分析或车票交易的软、硬件整体功能的统一体。

5. 不间断电源

在不间断电源(Uninterruptible Power Supply,UPS)供电状态下,当蓄电池后备工作时间即将用完时,应能通知相关用电设备自动关机,以免突然断电造成设备损坏。UPS 应保证 24h 连续正常运行,不间断为 AFC 系统设备供电。UPS 应具备自动报警功能,其运行状态要能被监控。

6. 编码分拣机

编码分拣机(Encoder Sorter,ES)具有对车票进行初始化、赋值、分拣、校验、注销等功能。ES 车票处理模块应包括控制器、车票传输部件、读写器、分票和堆叠机构、票箱等。

7. 制票设备

制票设备实现从空白卡到成品卡的整套制作流程,包括卡表面的印刷及卡内芯片的初始化。其用于储值票、纪念票、乘次票、优惠票、员工票等的个性化制作。

8. 票卡清洗设备

票卡清洗设备负责对城市轨道交通专用车票可回收类票卡(单程票)集中进行消毒。

9. 其他运营辅助设备

其他运营辅助设备包括卡式车票清点机、筹码式车票清点机、运送推车、办公家具、测试仪表及专用工具(数字万用表、网络测试仪、便携式计算机)。

> 理论单元

线路中央计算机系统 2.3

一、线路中央计算机系统概述

线路中央计算机(Line Center Computer,LCC)系统为城市轨道交通 AFC 系统的核心组成部分,能实现对城市轨道交通 AFC 系统内所有设备的监控,能实现系统运作、收益及设备维护集中管理功能,能实现系统数据的集中采集、统计及管理功能。

LCC 系统由在控制中心设置的两套主服务器、两台前置通信服务器、两台存储交换机、磁盘阵列和磁带库、票务管理服务器、数据交换服务器、历史数据比较服务器、文档服务器、网管服务器、两台以太网中心交换机和工作站组成。

LCC 系统可以实现所辖线路内的安全访问控制,包括线路内权限管理、数据审核、数据备份及恢复、线路内设备入网注册、系统间安全访问控制等。

二、线路中央计算机系统功能

LCC 系统为 AFC 系统的核心部分,在对线路系统中所有设备进行监视的同时,对系统的全部数据进行收集、处理,对运营、票务、财务、维修进行集中管理。

LCC 系统收集、处理系统内各类数据,制定维护系统各类参数,接收/下达系统各类命令,同时为系统提供完善的安全机制和严格的操作规程;并通过 ACC 系统实现本线路与城市轨道交通网络其他线路之间的结算和对账。

LCC 系统以主服务器为中心,通过其他服务器、操作工作站等开展各种业务。根据系统业务和操作人员的权限,设定不同的子业务系统和功能模块,确保系统的安全性及操作的严密性。

在线路的运营业务中,LCC 系统与各站的车站计算机系统进行通信,接收各车站产生的全部交易数据和运营、收益的数据。通过 LCC 系统将这些数据汇总,可以把握线路的利用状况和收入状况。

LCC 系统接收 ACC 系统参数及指令,实现所监控线路 AFC 系统的运营管理并根据协议上传相关数据,并与 ACC 系统进行对账。

三、线路中央计算机系统设备

LCC 系统设备主要包括以下几个部分。

1. 核心服务器

LCC系统的核心服务器，负责完成对交易数据的集中处理。其主要功能包括：按照业务规则对交易数据进行分类整理；对设备数据进行审核；完成每日交易的现金核算；处理票卡的即时和非即时退款申请；通过交易数据完成线路的收益核算和统计；与ACC系统之间进行清算对账，并响应错误数据的重新处理请求；交易异常处理和黑名单管理；提供设备监视、设备控制、客流统计等功能；进行参数类型定义、参数维护以及参数变更管理；接收与下发系统运营模式；更新管理软件版本；管理权限与操作日志。

核心服务器在选型上需满足高性能原则、可靠性原则、可扩展性原则、安全性原则、可管理性原则。

2. 应用程序服务器

应用程序服务器通过各种协议，如HTTP(Hyper Text Transfer Protocal，超文本传输协议)，把商业逻辑提供给客户端应用程序。它通过提供访问商业逻辑的途径以供客户端应用程序使用，且商业逻辑的使用就像调用对象的一个方法(或过程语言中的一个函数)一样。

应用程序服务器的客户端(包含图形用户界面)可能会运行在一台PC、一个Web服务器甚至是其他的应用程序服务器上。在应用程序服务器与其客户端之间来回传送的信息不仅仅局限于简单地显示标记，相反，这种信息就是程序逻辑。正是由于这种逻辑取得了数据和方法调用的形式而不是静态HTML(Hyper Text Markup Language，超文本标记语言)，所以客户端才可以使用这种被暴露的商业逻辑。

常用的应用程序服务器有通信服务器、数据交换服务器、前置通信服务器、历史数据比较服务器、网管服务器、票务管理服务器等。

3. 光纤交换机

光纤交换机是一种高速的网络传输中继设备，与普通交换机相比，其采用了光纤电缆作为传输介质。光纤传输的优点是速度快、抗干扰能力强。光纤交换机的特点就是采用传输速率较高的光纤通道与服务器或者SAN内部组件连接，这样，整个存储网络就具有非常宽的带宽，为高性能的数据库存储提供了保障。

4. 防火墙

防火墙有硬件和软件之分，如电脑杀毒软件里的防火墙就是软件防火墙。硬件防火墙是指把防火墙程序嵌入芯片中，由硬件执行这些功能，能减少CPU的负担，使路由稳定。

硬件防火墙是保障内部网络安全的一道重要屏障，它的安全和稳定直接关系整个内部网络的安全。系统中存在的很多隐患和故障在产生影响前都会出现预兆，而例行检查的任务就是要发现这些安全隐患和故障，并尽可能将问题定位，最终解决问题。因此，日常例行的检查对于保证硬件防火墙的安全是非常重要的。

软件防火墙一般采用包过滤机制。包过滤规则简单,只能检查到第三层网络层,只对源或目的IP做检查,因此软件防火墙的能力远不及状态检测防火墙,连最基本的黑客攻击手法(如IP伪装)都无法解决,并且软件防火墙要对所经过的所有数据包做检查,所以速度比较慢。

硬件防火墙主要采用第四代状态检测机制。状态检测是指在通信发起连接时就检查规则是否允许建立连接,然后在缓存的状态检测表中添加一条记录,以后不必检查规则,只要查看状态监测表即可,速度上有了很大的提升。因其工作的层次有了提高,其防黑功能比包过滤强了很多。状态检测防火墙不仅跟踪包中包含的信息,也跟踪包的状态。为了跟踪包的状态,状态检测防火墙还记录有用的信息以帮助识别包,例如已有的网络连接、数据的传出请求等。

主要的防火墙有包过滤防火墙、应用网关防火墙、状态检测防火墙和复合型防火墙四种。

以沈阳地铁为例,线路中央计算机系统由通信服务器、报表服务器、网管服务器、前置通信服务器、激光打印机、中心核心交换机、中心路由器、三层交换机、防火墙、入侵防御系统、磁盘阵列、磁带库、数据库服务器、各功能工作站计算机等组成,如表2-1和图2-4所示。

线路中央计算机系统设备组成 表2-1

序号	设备名称	功能描述
1	通信服务器	运行LCC系统与线路之间数据通信程序,负责与各站车站计算机系统的数据交换
2	报表服务器	安装有报表生成功能模块,以及报表计算规则定义模块;按照时间定义,可以生成日报表、周报表、月报表、季度报表、年度报表和用户自定义的时间段报表等
3	网管服务器	安装专业网络管理软件,实现AFC系统网络管理
4	前置通信服务器	运行与ACC系统之间通信的程序
5	激光打印机	提供打印服务
6	中心核心交换机	主要用于线路与中心机房的网络连接
7	中心路由器	用于不同网络环境的连通
8	三层交换机	用于工作站计算机及应用服务器的连接
9	防火墙	确保信息安全,会依照特定的规则,允许或限制传输的数据通过
10	入侵防御系统	入侵防御系统是能够监视网络或网络设备的网络资料传输行为的计算机网络安全设备,能够即时中断、调整或隔离一些不正常的或具有伤害性的网络资料传输行为
11	磁盘阵列	磁盘阵列是由很多便宜、容量较小、稳定性较高、速度较慢磁盘,组合成的一个大型磁盘组,利用个别磁盘提供数据所产生加成效果提升整个磁盘系统效能
12	磁带库	提供数据存储备份功能

续上表

序号	设备名称	功能描述
13	数据库服务器	运行数据库管理系统软件 Oracle
14	工作站计算机	运行管理软件、监控管理软件、票务管理软件等软件

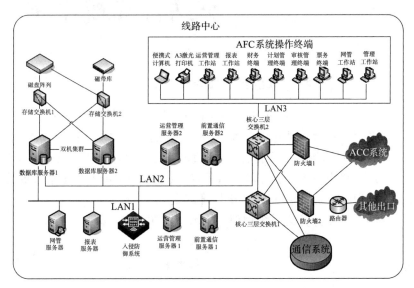

■ 图 2-4

AFC 系统线路级结构示意图

车站计算机系统 2.4

一、车站计算机系统概述

车站计算机(Station Computer,SC)系统,是管理车站的票务、设备运行、客流统计等的计算机系统,安装于车站控制室内,主要负责管理、监控本车站的 AFC 系统站级设备,同时担负向线路中央计算机系统上传交易数据、向本站站级设备下传指令和参数等任务,主要的使用者是车站值班员及车站值班员以上人员和 AFC 系统维护维修人员。

车站计算机系统物理结构示意图如图 2-5 所示。

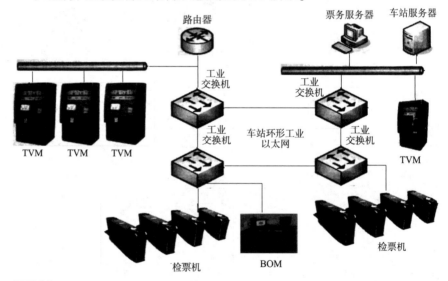

车站计算机系统介绍及操作

■ 图 2-5

车站计算机系统物理结构示意图

二、车站计算机系统功能

(1)采集和储存车站终端设备的车票交易数据、存储器数据、状态数据、收益管理数据及维护管理数据等,并上传给线路中央计算机系统。

(2)接收和储存线路中央计算机系统下达的系统运行参数和控制指令,并下传至车站终端设备。

(3)实时监控车站自动售检票系统设备(包括车站计算机、终端设备)和网络运行情况,具有系统自诊断、设备控制和故障告警等功能。

(4)对本车站的客流、车票和现金收益进行统一管理,具有报表统计分析、相关业务查询和报表打印等功能。

(5)负责车站级系统参数的维护和系统运作模式的控制。

(6)在紧急情况下,可按下紧急按钮或通过操作车站计算机启动紧急运行模式,控制车站所有进出站检票机的敞开,便于乘客快速疏散,同时所有的自动售票机、加值验票机等将自动退出服务。

三、车站计算机系统设备

车站计算机系统一般由车站计算机、服务器、交换机、打印机、不间断电源(UPS)等设备组成,如图2-6和表2-2所示。

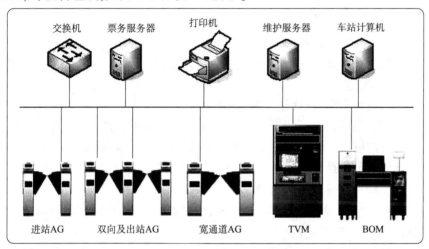

■ 图2-6
车站计算机系统主要设备及其功能

车站计算机系统主要设备及其功能　　　　表2-2

序号	设备名称	功能描述
1	服务器	运行数据库管理系统软件Oracle、通信服务、清算服务、时钟同步服务、订阅发布、进程监控、数据处理
2	交换机	通过交换机向上连接中心核心交换机与中心机房设备直接通信,并且与票务服务器、车控工作站、UPS、维修工区工作站、票亭交换机连接
3	不间断电源(UPS)	主要用于给计算机、服务器、计算机网络系统、工作站、车站终端设备等设备提供不间断的电力供应
4	车站计算机	运行管理软件、监控管理软件、票务管理软件等软件

任务实践

车站计算机系统的维护 2.1

一、日常维护

1. 设备清洁(每日1次)

清洁车站操作员计算机(Station Operator Computer,SOC)外壳,要求表面无浮尘、无污渍。

清洁机身底座,确保散热孔通畅。

清洁显示器,做到屏幕洁净、无污渍残留,边框及四角无灰尘。

清洁键盘、鼠标,使键盘和鼠标表面清洁,无污渍残留。

清洁车站操作员计算机的打印机外壳,要求表面无浮尘、无污渍。

2. 设备检查(每日2次)

检查显示器有无漂移、有无残影、有无黑屏等异常情况,如发现以上问题,应及时调整或更换。

检查键盘键位状况、鼠标移动反应,如发现键盘、鼠标出现故障,应及时调校或更换。

检查车站设备状态,车站计算机系统上车站设备状态显示是否正常,有无告警。

检查车站设备数据,使用车站计算机系统查询车站设备数据,确认寄存器更新时间,确保数据正常上传。

检查车站计算机系统状态及通信情况,查看SOC监控界面,确认车站计算机系统与中央计算机系统、SOC与车站网络计算机(Station Net Computer SNC)之间的通信通畅。

在日常使用中注意车站计算机系统告警喇叭状态,如发现故障或异常,应按要求尽快处理。

二、季维护

1. 打印机保养及损耗墨盒硒鼓更换

检查打印机状态指示灯(一般绿色为正常),确认状态良好。

清洁打印机表面,清理入纸口、托盘,确保出纸口畅通。

发现硒鼓将尽时应及时更换。注意：为防止硒鼓损坏，请勿将硒鼓暴露在强光下，可将硒鼓遮盖起来。此外，也不要触摸打印机内部的黑色海绵状转印辊，以免损坏打印机。

清洁硒鼓区域，使用无绒毛的干布擦去介质路径和打印机墨盒槽中的残留物，如果在打印物上出现碳粉斑点，取出过多的介质和碳粉颗粒（不同机型可能有差异）。

打印测试页检查打印功能，确认维护状况。

2. 车站计算机系统重启

为清理车站计算机系统数据，尽量释放内存，每季度应进行车站计算机系统重启维护。

确认车站计算机系统运行正常，检测设备通信连接正确。如发现问题，应及时处理、恢复正常。

3. 车站计算机系统紧急模式测试

①在车站计算机系统上设置紧急模式，使车站设备处于紧急模式状态，并现场确认。

②按下紧急按钮，使车站设备处于紧急模式状态，并现场确认。

③在车站计算机系统上刷新设备状态，看数据能否及时上传，与中央计算机系统通信是否正常。

4. 车站计算机系统电缆和紧固件检查

检查车站计算机系统连接电缆是否插紧，键盘、鼠标、打印机、网络接口等接插件接触是否良好，紧固到位。

三、车站计算机系统年维护（每2年1次）

1. 主机（SOC、SNC）维护

（1）内部清洁保养和机柜清洁。

清洁主机内部，做到无灰尘。

清洁滤尘网，确保通风道畅通。

检查CPU风扇和主机散热风扇，要求转动灵活，无异声。如存在问题或性能不良，应及时调整或更换。

检查主机内硬件有无缺损，各板卡安装是否可靠、无松动，螺钉是否紧固到位。

小心安装和拆卸接插件，如有损坏或接触不良需及时更换。

清洁机柜内部，做到无灰尘，排线整齐，通风道通畅。

（2）系统硬盘维护、软件维护及数据清理。

检测硬盘运转是否正常，如运转不稳定或硬盘有损坏应及时更换。

清理系统数据就是软件维护，删除无用的累积数据或错误数据。

（3）通信网络及接口装置维护。

根据每条线路通信网络的不同，清洁并检查相关设备。

2. UPS维护

每年对UPS进行一次维护。

车站计算机系统常见故障及处理　2.2

一、全线各站数据未上传至 LC 工作站

①故障现象:LC 工作站设备监控界面显示全线网络通信中断,无交易数据上传、无客流。

②可能原因:中心网络出现故障,LC 业务进程出现异常。

③解决办法:

a. 检查中心核心交换机与传输之间的网络连接是否正常,如果正常,继续下一步排查操作;如果网络中断,查看交换机是否正常工作,如果交换机出现故障,须及时处理。

b. 检查 LC 业务进程是否正常运行,若正常,则查询其他原因;若不正常,则分析其原因并进行恢复操作。

二、AFC 系统 LC 工作站断电

①故障现象:LC 工作站断电,其他专业供电正常。

②可能原因:AFC 配电箱内机柜电源接线松脱。

③解决办法:进入综合设备房查看 LC 服务器是否有电,根据电路图逐级向上排查,若有电则立即查看 LC 工作站插排是否连接松动,若无电则进入综合配电室查看 AFC 配电箱空开是否跳闸,若跳闸则将空开进行闭合,若未跳闸则进入综合配电室查看 UPS 空开 AFC 专业输出端是否跳闸,若跳闸则将空开进行闭合,若未跳闸则初步判断为 UPS 对 AFC 专业空开输入端线路问题,立即电话通知接口专业安排专业维修人员抢修。

三、全线 SC 服务器故障

①故障现象:LC 工作站设备监视界面显示 SC 服务器时钟故障,报"时钟同步失败"。

②可能原因:LC 服务器时钟异常。

③解决办法:重启 LC 服务器时钟服务。

四、LC 工作站无法登录

①故障现象:LC 工作站无法登录,提示字符串错误。

②可能原因:数据库连接字符串出现问题。
③解决办法:修改 LC 工作站的配置文件。

五、LC 服务器故障

①故障现象:LC 服务器上指示灯呈琥珀色。
②可能原因:服务器软件或硬件出现故障。
③解决办法:检查服务器的故障代码,判断故障类别,报厂商维修。

六、SC 工作站"网络故障"

①故障现象:SC 工作站"网络故障"。
②可能原因:网络故障或系统服务器软件异常。
③解决方法:
a. 检查 SC 工作站和服务器之间的网络连接是否正常。
b. 检查 SC 工作站与三层交换机的连接是否正常。
c. 检查系统服务器软件是否正常运行。

七、SC 工作站显示器无显示

①故障现象:SC 工作站显示器没有显示。
②可能原因:显示器未开机、电源线缆异常或显示器损坏。
③解决方法:
a. 检查 SC 工作站显示器是否开机。
b. 检查 SC 工作站显示器电源线缆是否正常。
c. 检查 SC 工作站显示器是否损坏,若损坏则更换显示器。

自我测试与评价

一、判断题

(　　)1. 根据业务需求,自动售检票系统在不同的层面处理相同的业务。

(　　)2. 人工售检票方式的特点是需要大量的票务人员、占用车站较小的空间和乘客在售检票过程中花费的时间较长。

(　　)3. 根据系统业务和操作人员的权限,LCC 系统设定不同的子业务系统和功能模块,确保系统的安全性及操作的严密性。

(　　)4. 在线路的运营业务中,LCC 系统与各站的车站计算机系统进行通信,接收各车站产生的全部交易数据和运营、收益的数据。通过 ACC 系统将这些数据汇总,可以把握线路的利用状况和收入状况。

(　　)5. 车站计算机对本车站的客流、车票和现金收益进行统一管理,具有报表统计分析、相关业务查询和报表打印等功能。

二、填空题

1. 城市轨道交通自动售检票系统的架构是多种多样的,系统架构的选择与城市轨道交通网络结构、售检票方式、清分需求和(　　)等相关。

2. 开放式售检票方式是指车站不设检票口,乘客在上车前(指进入付费区后)或在列车上进行检票,并(　　)的售检票方式。

3. 封闭式售检票方式是指乘客进、出付费区都要经过(　　)检票的售检票方式。

4. 计程票价是经进、出站检票口检票,严格按照实际乘坐距离长短(里程或乘坐车站数)并根据票价(　　)计算乘车费用。

5. 相对于人工售检票方式,半自动售检票方式需要配备的票务人员相对较少,系统自动化程度较高,并借助计算机和网络技术,在票务数据统计上实行了(　　)管理。

三、选择题

1. 在自动售检票系统架构中,相邻层次是通过对应的接口和(　　)实现连接的。

    A. 软件　　　　　　　　　B. 硬件
    C. 网络　　　　　　　　　D. 协议

2. 随着计算机技术和网络技术的发展和广泛应用,自动售检票方式是一种完全由(　　)操作售检票设备来完成售票、检票,并由设备自动完成票务数据统计的方式。

    A. 技术员　　　　　　　　B. 维修员
    C. 站务员　　　　　　　　D. 乘客

3. 售票过程是终端设备根据中央计算机系统下发的运行参数和(　　)参数,按照乘客需求,为乘客提供乘车的有效凭证(车票)。

    A. 票务　　　　　　　　　B. 系统
    C. 时间　　　　　　　　　D. 区域

4. 城市轨道交通网络的票务管理由众多数据流组成,其中,交易信息流、车票流、乘客流和列车流是(　　)的输入源。

    A. 运行管理　　　　　　　B. 财务分析
    C. 客流分析　　　　　　　D. 设备管理

5. 城市轨道交通网络的票务管理由众多数据流组成,其中,交易信息流、车票流、资金流和凭据流是(　　)的输入源。

    A. 运行管理　　　　　　　B. 财务管理
    C. 客流管理　　　　　　　D. 设备管理

四、简答题

根据数据的来源和用途,城市轨道交通自动售检票系统数据分为哪几类?

实训训练

调研地铁车站 AFC 系统终端设备配置

实地调研地铁车站,绘制地铁车站站厅、站台平面图,并标出 AFC 终端设备,同时将 AFC 系统终端设备配置情况填入表 2-3 中。

地铁车站 AFC 系统终端设备配置　　　　表 2-3

序号	设备名称	数　　量	配 置 位 置

绘图区

绘图区

项目3

自动检票机

◎ 项目导入

在地铁站、机场、车站、图书馆、写字楼、影剧院、会展中心、体育场馆、旅游景点等人流比较集中的公共场所,为了避免人流拥挤、规范通过者的行为、判定所持票卡的真伪,需要使用门禁、考勤、电子门票等设备系统进行规范管理,这就需要自动检票机。

◎ 知识结构要求

1. 掌握自动检票机的设备构成及分类。
2. 掌握自动检票机的操作及故障处理方法。

◎ 职业能力要求

1. 能够进行自动检票机的操作与维护。
2. 能够进行自动检票机的故障检测及处理。

知识准备

自动检票机的分类和工作状态 3.1

理论单元

自动检票机（Automatic Gate Machine，AGM 或 AG）又称闸机，是对车票进行检验和处理，并放行或阻挡乘客出入付费区的设备。自动检票机位于车站的站厅层，安装在车站的付费区和非付费区之间，用于实现进出站自动检票，同时将地铁车站的站台围成一个封闭的区域。自动检票机外观如图 3-1 所示。

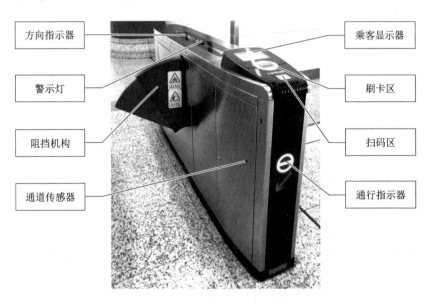

■ 图 3-1
自动检票机外观

一、自动检票机的分类

根据阻挡装置的类型，自动检票机可以分为三杆式检票机（三辊闸）、拍打门式检票机（摆闸）、隐藏门式检票机（剪式门式检票机），如图 3-2 所示。

a)三杆式检票机　　　　b)拍打门式检票机　　　　c)隐藏门式检票机

■ 图 3-2

不同阻挡与装置的自动检票机

根据功能,自动检票机可以分为进站检票机、双向检票机、出站检票机、双向宽通道检票机,如图 3-3 所示。

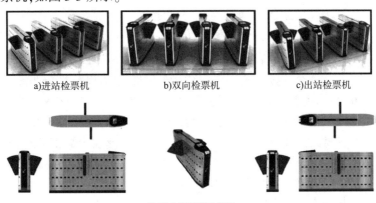

d）双向宽通道检票机

自动检票机概述

■ 图 3-3

不同功能的自动检票机

二、自动检票机的工作状态

自动检票机的工作状态主要有运营状态、关闭状态、故障状态、维护状态（测试状态）等。

1. 运营状态

运营状态有联网运营和单机独立运营两种情况,在这两种情况下,运营模式通常可分为正常模式、列车故障模式、进出站忽略模式、时间忽略模式、日期忽略模式、超程忽略模式等多种运营模式。

（1）联网情况。

①联网运营。联网运营是正常的系统工作状态。在这种状态下,自动检票机与车站计算机系统联网正常运营,自动检票机能完成设备的所有功能,支持 10 种以上的运营模式,能向车站计算机系统发送自动检票机工作状态及交易数据,车站计算机系统可向自动检票机发送指令及系统参数。

②单机独立运营。单机独立运营是出现故障而采取的降级工作状态。在这种状态下，自动检票机不能与车站计算机交换数据且车站计算机系统不能监控该自动检票机的状态，其他功能均正常执行。由于自动检票机不能与车站计算机系统联网，因此不能通过车站计算机系统设置自动检票机为紧急状态，但可通过紧急按钮设置自动检票机为紧急状态。自动检票机将交易记录及日志存放在本机存储器中，其中交易记录至少可存放 10 万条，并可存储不少于 7 天的设备状态信息，当网络连通后，没有发送过的交易记录可自动补送到车站计算机系统。

(2) 运营模式。

①正常模式。乘客持车票进站，进站检票机检验车票有效时，释放闸锁，让乘客通行；当进站检票机检验车票无效时，锁闭闸锁，乘客显示器显示相关信息。

乘客持车票出站，出站检票机检验车票有效时，释放闸锁，让乘客通行，出站检票机根据预先设置回收部分单程车票；当出站检票机检验车票无效时，锁闭闸锁，乘客显示器显示相关信息，引导乘客到补票亭查询车票。

②列车故障模式。当地铁列车出现运营故障，部分车站暂时中止运营服务时，自动检票机可以被设置为"列车故障模式"。在列车故障模式下，进站检票机不允许乘客进入暂停运营的车站；已购买单程票而未进入付费区的乘客，可以在一段时间内继续使用该车票，乘坐符合票值的车程，时间段参数将通过中央计算机系统进行设置。进入付费区的乘客，在通过出站检票机出站时，出站检票机将更新车票内进出站标志，而不收取任何费用，对于乘次票将不扣减乘次。

③进出站忽略模式。在特殊情况下，允许乘客不通过进站检票机验票直接进入地铁。为方便这部分乘客离开车站，系统将被设置为"进出站忽略模式"，允许乘客使用一张未编上进站信息的车票通过出站检票机出站。

进出站忽略模式包括两种情况，第一种情况是对某个车站的车票实行免检，在这种情况下，所有未编上进站信息的车票，系统均自动认为是由指定车站进站的车票，出站自动检票机将自动扣除相应的车费，其他处理与正常模式相同。第二种情况是对所有车站的车票实行免检，在这种情况下，对所有车票都不检查进出站次序，储值票将被扣除最短程车费，乘次票被扣除一个程次，单程票将被自动回收，并且不检查票值。

④时间忽略模式。自动检票机被设置成"时间忽略模式"时，出站自动检票机将不检查车票上的进站时间信息，但是仍然检查车票的票值，所有车票按正常方式扣值。

⑤日期忽略模式。自动检票机在"日期忽略模式"下，允许继续使用过期的车票。

⑥超程忽略模式。自动检票机被设置成"超程忽略模式"时，出站自动检票机将不检查单程票的票值，并且回收所有的单程票，对于储值票则扣除

最短程车费。

2. 关闭状态

在关闭状态下,自动检票机退出运营状态,但车站计算机仍可监控处于关闭状态的自动检票机,该状态通常在运营结束时使用。

3. 故障状态

处在故障状态下的自动检票机,由主控计算机根据故障级别而采取不同的处理策略。通常包括两种策略:针对小故障,主控计算机采取降级处理策略,例如,出站检票机在单程票处理装置出现故障时,可以自动切换到只使用储值票的故障模式运行,在这种情况下,故障排除后设备可以自动恢复到正常工作状态。针对大故障,主控计算机采取停止运行处理策略,并在乘客显示器上显示故障信息,通行指示转为"禁止通行"以提示乘客不能通行,同时把故障状态上传到车站计算机系统。

4. 维护状态

维护状态供维修人员维护和测试时使用。在乘客显示器上将显示测试状态,通行指示转为"禁止通行"以提示乘客不能通行,同时把相关信息及处理结果上传到车站计算机系统。在维护状态下,维修人员可以通过维护键盘输入指令完成测试各部件的工作状态、查询数据等工作,乘客显示器用于在维护状态下显示各种测试代码和相关信息。

自动检票机的功能　3.2

自动检票机的功能如下。

①接受 LCC 系统规定的所有地铁使用车票,对乘客进、出站进行检票;出站检票机可通过参数设置自动回收单程票。

②能快速检验车票的有效性。若车票检查有效,自动检票机将相关进出站信息写入车票,并对写入的数据进行校验,让持有效车票的乘客快速通过;若车票检查无效,自动检票机赋予车票不同的无效编码,有效地阻挡持无效车票或者无票的乘客通过,同时发出声光提示,并在乘客显示器显示指示信息。车票有效性检查主要包括安全性检查、合法性检查、状态检查、黑名单检查、使用地点检查、余值/乘次检查、有效期检查、进出次序检查、超乘检查、超时检查、更新信息检查等。

③乘客持有效车票通过出站闸机时,扣除相应的车费或乘次,对单程票、出站票、返程票等进行回收。当车票无效时,将车票退回给乘客,并显示相应提示信息。当票箱将满时(可参数设置),可以向车站计算机系统发出相应提示信息。

④出站自动检票机投票口只允许插入一张车票,当插入超出允许数量的车票时进行阻挡。自动检票机不允许同时处理两张及以上车票。当两张及以上车票同时出现在自动检票机读写器读写范围内时,自动检票机拒绝进行处理。

⑤能有效地对乘客的通行行为进行监控,能检测乘客在通道的移动情况;当检查到乘客的非正常进入行为时,能执行正确的动作和声光报警。

⑥满足系统各种运营模式下的不同控制要求。

⑦当发生紧急情况时,线路中心、车站值班人员可通过操作计算机终端或按下紧急按钮控制所有自动检票机打开,保证乘客无阻碍地离开付费区。同时,在没有电力供应或突然中断电力供应的情况下,闸机的阻挡机构回缩,并处于常开状态以保证乘客无障碍进出。AFC 系统紧急按钮安装在车站控制室综合后备盘(IBP)上。

⑧具有进出站客流记录、扣除车费记录、黑名单使用记录以及信息输出功能。

⑨自动检票机能通过车站局域网向车站计算机系统上传有关的车票处理交易、审计、运行状态等数据。另外,当设备状态发生变化时,自动检票机

立即向车站计算机系统发送运行状态数据。自动检票机的运行状态数据至少包括开/关检测、回收票箱状态、故障、通信中断、错误编码、开放通道等。

⑩自动检票机可以接收车站计算机系统或线路中央计算机系统的控制命令和运行参数,至少包括通道进/出/关闭、票价表、黑名单、查询命令、降级和紧急运营模式命令等。

⑪自动检票机具有离线工作及数据保存能力。在与车站计算机系统通信中断时,设备能至少保存7天的交易数据和设备数据;在通信恢复时,自动检票机能将保存的交易数据及时上传给车站计算机系统。

⑫票卡传送/回收装置不会对所使用的城市轨道交通"一票通"车票造成损伤。在车票传送过程中,任何一点的切线角度不大于15°。对非正常车票自动检票机具有明显的提示,采用由车票插入口退回的方式。

⑬配置电源稳压装置、电源模块。电源模块包括主电源模块、辅助电源模块、保险丝面板等部件。

⑭在紧急疏散情况下,自动检票机两端方向指示器显示相关信息。

⑮在外部电源发生故障时,车站AFC机房配置的UPS提供5min的电力使自动检票机在退出服务之前完成最后的交易(包括检查车票、保存数据等)并通过车站计算机系统控制自动检票机关机。

自动检票机设备构成 3.3

自动检票机主要由主控单元、机芯控制器、扇门阻挡机构、通道传感器、票卡回收机构、储票箱、读写器/天线、乘客显示器等模块构成。其内部结构如图3-4、图3-5所示。各模块功能如表3-1所示。

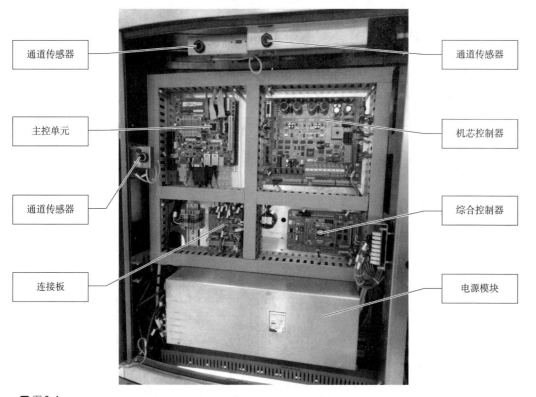

■ 图3-4
自动检票机内部结构(控制部分)

自动检票机硬件结构原理如图3-6所示。

下面主要说明主控单元、通道阻挡装置、读写器、票卡回收机构。

1. 主控单元

主控单元由工控机主板、闪存卡(CF卡)、中央处理器(CPU)、电子硬盘(DOM)及内存等构成，为方便安装、调试及维修，还包括网口和USB接口、显示器接口、串口等，如图3-7所示。

项目3 自动检票机　　理论单元3.3　自动检票机设备构成

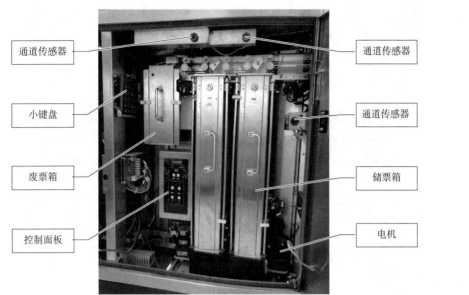

自动检票机总体构成

自动检票机组成

图 3-5
自动检票机内部结构（回收机构部分）

自动检票机设备构成及功能　　　　　　　　　　　　　　　　表 3-1

序号	名称	功能
1	主控单元	主要负责运行控制软件，完成车票处理、通行控制、数据通信、状态监控等
2	机芯控制器	乘客通行逻辑控制、方向指示器控制，以及紧急放行控制
3	电源模块	为 AGM 内的模块提供稳定的直流电源
4	扇门阻挡机构	控制乘客进入或离开付费区
5	交流配电模块	安装漏电断路器和维修插座，为 AGM 内部使用的 AC 电源分配连接端口
6	通道传感器（对射型）	检测乘客通行状况
7	主/从连接板	连接一个通道的主/从两台 AGM
8	票卡回收机构	回收乘客出站时的单程票
9	储票箱	存储单程票
10	读写器/天线	读写各类车票
11	乘客显示器	用于为乘客提示各种信息，可以动态显示信息
12	维修门开关	检测维修门是否被打开，当维修门被打开时 AGM 进入维护模式
13	维修门锁	用于锁定维修门，防止无关人员随意打开维修门
14	警示灯	用于指示 AGM 指定的状态，例如无效卡、票箱满等

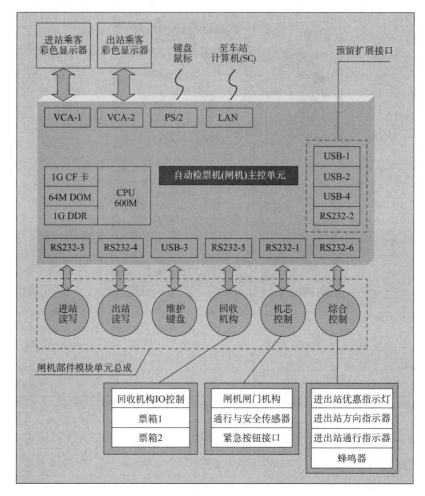

■ 图 3-6
自动检票机硬件结构原理图

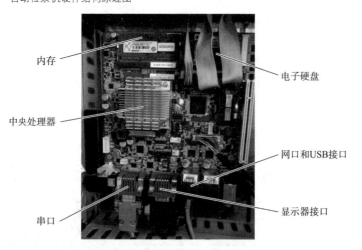

■ 图 3-7
主控单元实物图

主控单元负责运行控制软件,完成车票处理、数据处理、显示控制、数据通信、状态监控等功能。

主控单元具有良好的抗电磁干扰性能,能保证整机全天24h不停机并稳定运行。主控单元的运行由程序代码控制,程序代码及运行参数可通过网络或其他方式下载。主控单元具有自动检测故障功能,并有能力在必要时自动复位。为方便维修,主控单元的模块化设计满足物理上和功能上的互换性要求。主控单元具备电源故障数据保护功能以避免在电源故障时损坏数据。

自动检票机中采用CF卡存放操作系统、应用程序、状态参数、操作日志、交易数据。电子硬盘用于存放状态参数、操作日志、交易数据的数据备份。

2. 通道阻挡装置

通道阻挡装置又称门式闸机机芯,由机芯控制器与扇门阻挡机构两部分组成。扇门阻挡机构实物如图3-8所示。

自动检票机通道
阻挡装置

机芯控制器是一块处理与闸门相关的功能及信号的电路板。机芯控制器接收来自主控单元的命令和每个传感器的状态,通过对命令和状态的分析,控制闸门做出适当的动作。同时,机芯控制器将闸门的当前状态即时反馈给主控单元。

机芯控制器主要负责处理初始化闸门、设置闸门工作方式、通行传感器处理、通行引导、闸门部件测试、安全保护、紧急处理等工作。机芯控制器主板实物如图3-9所示。

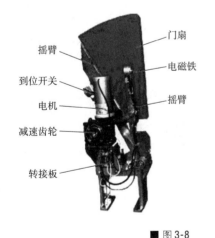

自动检票机
通行控制

■ 图3-8　　　　　　　　　　■ 图3-9
扇门阻挡机构实物图　　　　机芯控制器主板实物图

3. 读写器

读写器由控制主板和天线板组成。控制主板包含CPU、存储器、射频电路等,是整个读写器的核心,负责和主机通信并控制各部件工作等。射频电路负责非接触式IC卡信号的编解码、天线的驱动等。天线板通过同轴电缆和控制主板相连，完成射频信号的收发。读写器控制主板和天线板实物如图 3-10 所示。

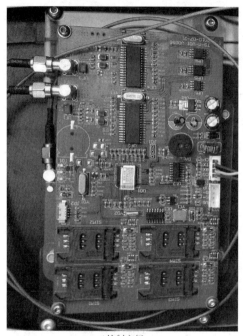
a)控制主板

b)天线板

图 3-10　读写器控制主板和天线板实物图

自动售票机、自动充值机、半自动售/补票机、离线式售票机和自动验票机都采用同一硬件型号的车票读写器，读写器天线尺寸根据不同类型的设备结构有所不同。读写器可读写符合 ISO14443 Type A 类型的非接触式 IC 卡。

4. 票卡回收机构

票卡回收机构是自动检票机的重要部件之一，其功能是对出站乘客投入自动检票机的车票完成车票合法认证、读/写、传输、分拣回收，并将分拣回收的车票自动码齐到回收票箱（储票箱）中。票卡回收机构实物如图 3-11 所示。

票卡回收机构主要由车票回收口、车票分拣机构、方卡传输机构、回收升降机构组成。

车票回收口外部采用光滑的导向通道，使车票可以方便地插入。车票回收口的内部通道高仅 0.8mm，这样一次就只有 1 张车票进入回收通道，从而有效地阻止 2 张车票同时插入。车票回收口实物如图 3-12 所示。

车票分拣机构的主要功能是有选择地将票卡回收到将要回收到的位置（票箱或废票箱）。车票分拣机构主要由回收翻板、电磁铁、导向轮等构成。车票分拣机构实物如图 3-13 所示。

a) 票卡回收机构正面图

b) 票卡回收机构背面图

■ 图 3-11
票卡回收机构实物图

■ 图 3-12
车票回收口实物图

■ 图 3-13
车票分拣机构实物图

方卡传输机构是将插入票卡回收机构的票卡,按指令传输到各回收票箱(储票箱)、废票箱的各个位置,并将不合法票卡退出票卡回收机构。方卡传输机构由主动轮、从动轮、电机、导向轮、机架、传感器等构成。方卡传输机构实物如图 3-14 所示。

回收升降机构用于控制票箱托盘的位置。系统启动或更换票箱后回收升降机构将票箱托盘升到票箱顶部,保证回收的单程票可以在票箱内自动码齐。当单程票达到一定高度遮挡传感器后,回收升降机构将票箱托盘下降,使票箱可以接收更多的单程票。回收升降机构实物如图 3-15 所示。

自动检票机
车票传送

自动检票机票卡
回收机构

■ 图 3-14

方卡传输机构实物图

■ 图 3-15

回收升降机构实物图

 知识拓展

2019年1月22日，沈阳地铁互联网乘车平台正式开通试运行。在沈阳地铁2号线市图书馆站站厅层，有市民率先体验了手机扫码出站。二维码闸机如图3-16所示。到自动检票机之前提前打开"盛京通"App，生成二维码后，在闸机口出示二维码并与扫描器保持5cm或以上的距离，扫描器快速识别验证二维码，闸门开启后乘客即可过闸进出站。与刷卡类似的是，进站和出站都需要扫码过闸。使用手机扫码出站的速度和使用实体"盛京通"消费卡的出站速度没有差别。

■ 图 3-16

沈阳地铁2号线二维码闸机

自动检票机通行控制 3.4

在正常模式下,乘客通过自动检票机前需要将非接触式IC卡车票放到指定位置进行刷卡,主控单元控制车票读写器读入车票信息,并按运营模式的参数表对信息进行处理。若车票有效,主控单元通过串口向通行控制模块发出命令,控制闸门打开,允许乘客通过自动检票机。在乘客正确通过自动检票机后,闸门会自动关闭。

自动检票机的通行控制模块由主控单元、机芯控制器、通行传感器、安全传感器、闸门驱动/控制电路、方向指示器等组成,如图3-17所示。其中机芯控制器中包含通行物识别算法和闸门开关控制算法。通行控制模块对通道内的通行情况进行合法性监测,合理地控制乘客进出通道,保障乘客的通行安全。

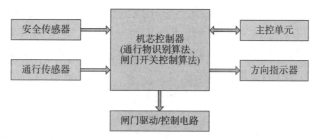

■ 图 3-17
通行控制模块组成示意图

通行控制模块中的机芯控制器实时采集通道中传感器的状态,在接收到主控单元的命令后,首先根据通行传感器的状态和通行物识别算法对通道内乘客、行李等进行识别,然后结合安全传感器的状态和闸门开关控制算法,通过闸门驱动/控制电路对闸门实现开/关控制。最后机芯控制器将通行信息反馈至主控单元,并显示必要的通行信息。

当乘客从非付费区(free area)或付费区(paid area)通过自动检票机过程中,通过16对传感器。这十六对传感器按位置划分成以下四个功能区,如图3-18所示。

(1)检测区(detection zone)——检测是否有乘客进入通道。
(2)监视区(surveillance zone)——检测是否有乘客通过通道。
(3)安全区(safety zone)——检测闸门闭合范围内是否有障碍物存在。
(4)离开区(exit zone)——检测通过通道的乘客是否快速离开通道。

编号为 S1～S6 和 S11～S16 的 12 对传感器为通行传感器，S7、S8、S9 和 S10 为 4 对安全传感器，它们的分布位置参照了《中国成年人人体尺寸》(GB 10000—1988)和《用于技术设计的人体测量基础项目》(GB/T 5703—2010)。

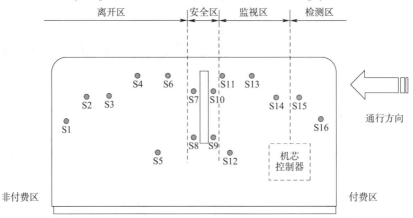

■ 图 3-18
付费区出站传感器分区图

检票机阻挡装置动作原理

S1～S6 和 S11～S16 传感器用于检测和识别通道内通行物的通行状态，能鉴别乘客正常通过的情况和非正常通过的情况(乘客在通道内错误的行走方向、无票乘客试图尾随有效票乘客通过)，并做出不同的处理。

S7～S10 传感器用于检测闸门闭合范围内是否有障碍物存在。如果检测到有障碍物存在，闸门维持当前状态，并发出报警提示，保证乘客(包括儿童)通过闸门时的安全。

对乘客通行行为的识别有：单独乘客的识别，连续多个乘客的识别，乘客及其携带物品或行李的识别，儿童乘客的识别并分析处理非正常通过的情况，无票乘客的识别，乘客尾随通行的识别，乘客跳跃通行的识别，乘客下钻通行的识别，乘客通道内滞留的识别，乘客反向进入的识别，乘客逆向退出的识别。

乘客不正常使用的情况主要分为持无效票刷卡和恶意逃票两类。当这两类情况出现时，闸门均不会打开，在通过网络上报检控中心的同时设备本身会进行声光报警。

任务实践

自动检票机的操作 3.1

一、通行方式

乘客应在使用有效票卡刷卡后,15s 内及时通过自动检票机。如果乘客不能在规定时间内及时通过自动检票机,那么闸门会自动关闭。票卡的持有人不能使用该票卡再次通过自动检票机。

以下行为为通过自动检票机的正确行为。

①成人持有效票卡刷卡通过自动检票机。

②乘客可以提手提包,推或托高度不超过最高传感器位置的行李通过自动检票机。

③成人持有效票卡刷卡打开闸门后,身高不超过最高传感器位置的儿童可以在成人带领下通过自动检票机。

④乘坐轮椅的乘客持有效票卡刷卡后可以从宽通道自动检票机通过。如果不是电动轮椅,可以连续刷两张卡,由另一个成人推轮椅通过宽通道自动检票机。

以下行为为通过自动检票机的错误行为。如果以下任一行为出现,处于打开状态的自动检票机闸门会自动关闭,并且进行报警。

①只用一张有效票卡刷卡,打开闸门多人通过的尾随行为。

②持无效票卡刷卡,或不刷卡妄图通过自动检票机。

③持有效票卡在一个方向刷卡,试图在另一个方向通过自动检票机。

二、使用操作

1. 开机

自动检票机内部安装有主控制板和电源箱,打开自动检票机进站左侧维护门后,推动电源箱上的启动开关就可以完成上电工作。

在上电后,自动检票机会自动启动操作系统和自动检票程序,无须人工干预。自动检票机自动启动界面如图 3-19 所示。

2. 关机

关机的方法与开机的方法相似。不同的是,首先由车站服务器向自动检票机发送一个关机命令,在闸门收起后就可以推动电源箱上的启动开关下电了。

3. 票卡操作

(1) 欢迎界面。

开机后,如果设备工作正常,显示屏会显示欢迎使用界面或暂停使用界面。进站欢迎界面如图 3-20 所示。

■ 图 3-19
自动检票机自动启动界面

■ 图 3-20
进站欢迎界面

(2) 票卡使用方法。

持单程票进站时,在读卡器上刷卡,出站时,投入车票回收口。持储值卡进出站时,都需要在读卡器上刷卡。一次入站刷卡、一次出站刷卡作为一个合法周期,一张票不能在一个通行方向上多次刷卡。

在使用有效票卡正确刷卡后,设备会将界面切换到允许通行界面,并且在持单程票进站或持储值卡进出站的情况下会显示票卡内的金额。允许通行界面如图 3-21 所示。

在界面切换后,绿色报警灯和方向指示灯会闪烁一次,同时蜂鸣器也会蜂鸣一次。如果是双向自动检票机,与通行方向相反的允许通行指示会变成禁止通行指示。

4. 错误状态

在闸机出现错误后界面会显示进入错误状态。具体错误情况如下。

(1) 读卡器错误。

在读卡器发生错误的情况下,出站方向会显示读卡器错误界面,如图 3-22 所示。

(2) 机芯错误。

在机芯发生错误的情况下,出站方向会显示机芯错误界面,如图 3-23 所示。

■ 图 3-21
允许通行界面

■ 图 3-22
读卡器错误界面

(3)回收装置错误。

在回收装置发生错误的情况下,出站方向会显示拒收单程票界面,如图 3-24 所示。

■ 图 3-23
机芯错误界面

■ 图 3-24
回收装置错误界面

三、维护菜单

1. 登录

打开自动检票机维护门后,自动检票机进入维护状态。显示界面进入维护登录界面,如图 3-25 所示,可以用维护键盘,输入用户名和密码。用户名长 6 位,密码长 8 位。

如果登录成功,维护程序进入菜单界面,如图 3-26 所示。

2. 票箱设置

在票箱设置界面中可以查看票箱中票卡的数量,进行票箱切换和票箱更换操作,如图 3-27 所示。

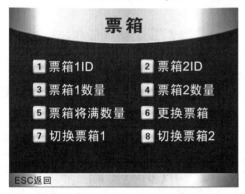

▇ 图 3-25
维护登录界面

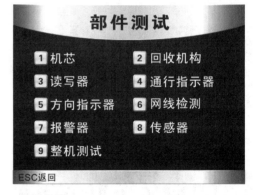

▇ 图 3-26
菜单界面

3. 部件测试

在部件测试界面中可以对自动检票机的各个部件进行测试,验证各部件功能是否正常,如图 3-28 所示。

▇ 图 3-27
票箱设置界面

▇ 图 3-28
部件测试界面

①可以对机芯进行检测,测试项目包括开门和紧急控制,如图 3-29 所示。
②可以对回收机构的功能进行测试,如图 3-30 所示。

▇ 图 3-29
机芯测试界面

▇ 图 3-30
回收机构测试界面

③可以对读写器能否读取票卡进行测试,如图3-31所示。
④可以对通行指示器进行测试,如图3-32所示。

■ 图3-31
读写器测试界面

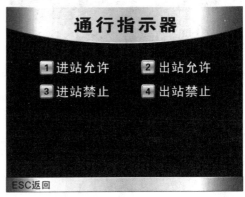

■ 图3-32
通行指示器测试界面

⑤可以对报警器、传感器和网线进行测试。
⑥可以对整机进行测试。

4. 闸机参数操作

可以对闸机参数进行查询和设置,如图3-33所示。
①可以设置工作模式,如图3-34所示。

自动检票机
传感器维护

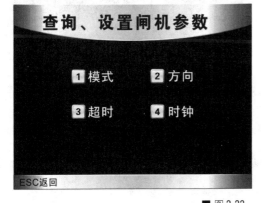

■ 图3-33
闸机参数查询和设置界面

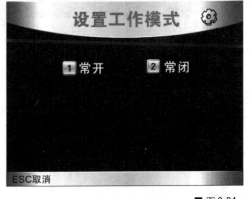

■ 图3-34
工作模式设置界面

②可以设置工作方向,如图3-35所示。
③可以设置系统时间。
④超时时间作为预留部分,本系统不能设置。

5. 运营参数查询

通过维护面板可以对自动检票机的所有运营相关的版本信息进行查询,如图3-36所示。

①可以查询所有设备硬件版本,如图3-37所示。
②可以查询所有驱动版本,如图3-38所示。

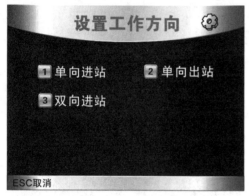

■ 图 3-35
工作方向设置界面

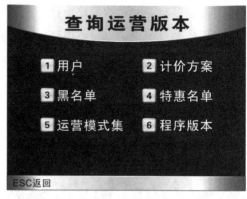

■ 图 3-36
运营版本查询界面

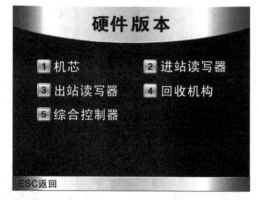

■ 图 3-37
硬件版本查询界面

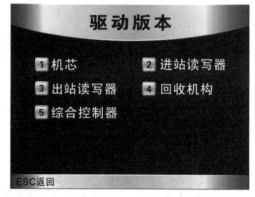

■ 图 3-38
驱动版本查询界面

③可以查询用户、黑名单、计价方案等运营文件的版本信息。

④特惠名单作为本系统预留部分。

6. 设备参数操作

通过维护面板可以对自动检票机的设备基本参数进行查询和设置，如图 3-39 所示。

自动检票机
更换票箱

四、更换票箱

更换票箱流程如下。

①打开回收装置侧维护门。

②登录进入维护界面。

③使用回收装置上的按钮或点击维护界面中更换票箱中的弹出票箱将票箱托盘降到票箱底部。

④用钥匙锁住票箱机械锁。

⑤取下票箱。

⑥将新票箱安装到回收装置上。

⑦打开票箱机械锁。

⑧使用回收装置上的按钮或点击维护界面中更换票箱中的装回票箱将票箱托盘升到票箱顶部。

⑨进入维护界面中的票箱数量界面,将票卡计数清零。

⑩关闭维护门。

更换票箱界面如图 3-40 所示。

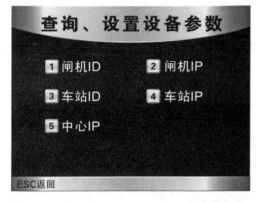

图 3-39
设备参数查询、设置界面

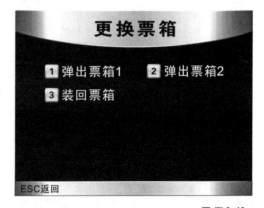

图 3-40
更换票箱界面

自动检票机
维护操作

自动检票机的维护　3.2

为了确保 AFC 系统设备的运营可靠,严格控制维修质量,力争将故障消灭在萌芽状态,加大预防性维护力度,以保证 AFC 系统设备处于良好的运行状态。自动检票机的维护分为日常维护和周期维护,日常维护有日检维护、双周检维护,周期维护根据部件性能有季维护、年维护。

一、日检维护(每日1次)

1. 清洁设备外部

清洁机器外壳和显示器的灰尘,确保表面无浮尘、无污渍,表面不得粘物。

2. 清洁车票传输机构(沾少许浓度为75%的酒精)

清洁所有压轮、滚轮传动皮带,不得有污垢。

清洁设备内部,做到无明显的灰尘。

在清洁传动皮带的过程中,如发现有传动皮带老化、松弛的现象,应及时更换。

清洁传感器,以免传感器故障造成进票速率降低。

禁止使用过量的酒精清洁设备,避免造成零部件过早老化及损伤。

3. 检查设备显示是否正常

检查乘客显示器、读写器指示灯、方向指示器、警示灯。如发现显示异常或功能缺失,及时调节或更换。

4. 巡视设备运营状态

检查设备是否出现异常声响,设备是否出现故障,设备运营是否稳定(指是否频繁重复发生故障)。在巡视中若发现问题,应按设备维护要求及时处理。

5. 填写记录表

每日当班维护人员对检票机进行日检维护后,将情况正确填写在"车站 AFC 系统设备记录表"内。

二、双周检维护(每2周1次)

1. 清洁设备内部

清洁方向指示灯的外罩,做到无积灰。

清洁电源盒、加热器、读写器的外罩,做到无明显灰尘。

清洁设备底部、部件支架、线槽、线缆,做到无明显灰尘。

清洁控制电路板,做到无结灰。

拆下并清洁乘客显示器和显示面板的灰尘,严禁使用酒精擦拭。

2. 检查设备内所有紧固螺栓

检查门锁、门撑杆、传输/回收机构、转向器、乘客显示器、升降机构、传输机构带轮等螺栓是否缺损或松动。如发生螺栓缺损或松动,及时补缺或紧固。

3. 检查和清洁升降机构

检查升降机构传动时是否有异常。

清洁升降机构丝杆上的油污,在丝杆上均匀涂抹少量润滑油。

检查升降导轨装置是否完好。

清洁升降托板的污垢,检查升降托板是否有松动。

检查传感器是否正常。

检查票箱锁紧扣、紧固杆是否松动,如有松动及时紧固。

检查升降动作是否升到位,如升降机构性能较差,需及时调整或更换。

4. 检查、清洁传输机构

检查传输机构转动时是否有异常,如有异常及时调整或更换,严禁故障状态滞留。

清洁所有的传感器,做到无灰尘、无污垢。

检查零部件螺栓是否紧固。

检查连接电缆、接插件有无松脱。

检查进票口挡板动作,并进行调整。

检查转向器是否正常。

检查传动皮带是否变形、磨损或老化,如有则及时更换。

5. 检查、清洁票卡回收机构

检查票卡回收机构传动时是否有异常,如有异常及时调整或更换,严禁故障状态滞留。

检查各个部件的螺栓是否紧固。

检查各个接插件是否完好。

检查转向器是否正常。

检查传感器是否完好。

检查传动皮带是否变形或老化,如有则更换皮带。

6. 检查读写器

检查读写器的反应速度是否正常,如读卡反应慢,应更换。

检查读写器的感应距离和覆盖区城,外置如小于6cm,或读卡感应区域位置不对,更换读写器。

用测试票进行测试,要求连续使用30张,在乘客显示器上应连续显示"OK"30次。

7. 对检票机进行功能测试

转向器测试:利用测试码测试,转向板应有向上摆动然后回到原位的动作,摆动幅度为30°左右。

升降机构测试:利用测试码测试升降机构上升/下降动作,升降时动作应平稳到位。

车票传输机构测试:用测试码测试传感器,在乘客显示器上正常显示数为0,遮挡传感器时显示器显示数应变成1。用测试码进行电机传动测试,电机应带动传动皮带正转和反转各5s。

蜂鸣器和指示灯测试:用测试码测试蜂鸣器有鸣叫声,时间为60s,指示灯显示亮5s。

测试中如发现模块功能未达到要求,应及时调整或更换。

自动检票机
操作面板
控制丝杠升降

三、季维护

1. 票卡回收模块维护

①检查票箱与基座的安装是否紧密贴合。

②检查传动皮带表面及内侧摩擦部位的损耗程度,如发现有皮带老化、松弛现象,应及时更换。

③检查票箱到位传感器和回收票卡传输通道传感器位置是否紧固恰当。

④检查票箱锁及卡口功效是否发生变化。

⑤检测压轮、滚轮、电磁铁、转向器是否正常。

⑥手动检查票卡升降机构升降是否正常(升降过程中无异响且动作顺畅)。

⑦检查回收模块控制板,要求无浮尘、无污垢。

⑧检查票卡回收模块各连接线缆、插接件、固件、板卡螺栓有无松脱,如松脱要加以紧固。

⑨检测导轨是否发生形变,滑动是否顺畅(无异响,无顿挫)。

2. 扇门模块维护

①调整到位传感器位置、扇门到位螺栓至适当位置(到位传感器与到位螺栓之间相距3~5mm)。

②调整信号传感器和电磁铁、吸盘至适当位置(门体动作至最大行程,感应信号保持正常)。

③检查扇门机构各部件的连接线缆及插接件有无松动。

④检查扇门机构各部件固定螺栓有无松动,如有松动则加以紧固。

⑤检查扇门动作机构是否正常,对扇门动作机构轴承注油。

3. 二层交换机维护

①打开边机维修门,用抹布和毛刷清洁交换机表面、交换机电源适配器表面、光纤法兰表面的积灰。

②依据网络设备端口连接对照表,逐一核查下连设备,确认无人随意变动端口连接线路,并检查标签是否正常。

③检查网络连接水晶头、光缆尾纤连接是否牢固可靠,有无折损情况。

④检查二层交换机工作状态是否良好(接口指示灯是否正常)。

4. 控制板清洁及紧固件、插接件维护

①用静电毛刷清洁机芯控制器、主连接板、从连接板、回收模块控制板及扇门连接控制板。

②检查并紧固门锁、门撑杆、定位销、乘客显示器、读写器、工控机、电源等部件的固定螺钉。

③检查并紧固各模块紧固件及插接件,如发现部件松动或缺失,应予以紧固和及时补缺。

④检查各线缆是否松动脱落和线缆绝缘层是否有破损现象,如有要及时维修处理。

⑤检查设备各部件、控制板接插件是否牢固稳定,如有接插件接触不良、松动等现象,应予以更换。

四、年维护

1. 票卡回收模块维护

①检查票箱是否发生形变(更换形变严重的票箱),检查票箱锁及卡口功效是否变化。

②根据传动皮带、刮票轮使用频率和磨损情况,更换传动皮带、刮票轮。

③检查回收机构电机、压轮、滚轮、轴承,确认机械部件运转正常,无异响,更换磨损的压轮、滚轮、轴承。

④检查机构内螺钉、螺母和其他紧固件有无松动、缺失,如有松动进行紧固,补齐缺失零件。

⑤检查传动部位的弹簧及轴承是否缺油、有无松动,转动时有无异响及停顿或超时,如有及时润滑和调整。

⑥清洁传动部位弹簧及轴承上的油灰混合油泥和油污。

⑦用润滑油润滑回收通道的滚轮、压轮及轴承,用润滑脂润滑升降机构升降丝杆(升降丝杆涂抹润滑脂后,升降 3 次,清除多余润滑脂)。

⑧检测导轨是否发生形变,滑动是否顺畅(无异响,无顿挫),更换形变导轨。

⑨检查回收机构板卡接插线缆是否完好,检查控制线路板各信号灯是否正常。

2. 扇门模块维护

①检查扇门机构各部件的连接线缆及插接件的状态(如有接触不良、老化松动或破损,及时更换)。

②用专用润滑脂对扇门动作机构轴承注油。

③检查扇门机构底座及电机固定支架螺栓是否紧固,如有松动则加以紧固。

④检查扇门机构复位弹簧的松紧程度。

⑤检查扇门支架是否发生形变、门扇是否破损,更换形变严重的支架和破损的门扇。

⑥调整扇门机构到位螺栓,使其在扇门打开时与闸机侧面平行。

⑦调整扇门机构上下限到位传感器(到位传感器与到位螺栓之间相距3～5mm)。

3. 二层交换机维护

①检查二层交换机工作状态是否良好(接口指示灯是否正常)。

②检查网络连接水晶头、光缆尾纤连接是否牢固可靠,有无折损情况。

③依据网络设备端口连接对照表,逐一核查下连设备,确认无人随意变动端口连接线路,并检查标签是否正常。

④用万用表测量二层交换机适配器供电是否正常(DC24V)。

⑤检查光纤尾纤弯曲半径是否合格(最小弯曲半径≥150mm)。

⑥检查光纤盒备用端口防尘帽是否缺失。

项目3 自动检票机　　技能单元3.3　自动检票机常见故障及处理

自动检票机常见故障及处理　3.3

自动检票机在日常运作中,由于自身系统问题或其他原因会出现一些故障,必须得到有效处理。自动检票机常见故障及处理指南如表3-2所示。

自动检票机常见故障及处理指南表　　　　表3-2

部　件	故障现象	故障分析	故障处理
乘客显示器	显示器蓝屏	主控单元(ECU)的系统出现问题	重新制作系统
	进端显示器黑屏无显示	无12V电源	检查12V电源线是否正常,若无电源,则检查电源模块保险丝是否烧毁
		40P信号线松动	检查显示器内部的信号连接线是否松动
		工控机显示器信号线松动	检查工控机显示器信号线是否松动
		显示器损坏	如果以上检查都没有问题,那么显示器损坏,更换显示器
	显示器颜色不正常	显示器信号线松动	检查信号线连接插件是否松动和插针是否接触不良
		信号线内部有断线,信号不完整	如果以上检查没有问题,那么信号线损坏,更换信号线
	进端显示器白屏无显示	ECU没有启动,系统显示设置不正确	检查ECU能否正常启动,并进入系统,若以上检查没有问题,需要设置显示系统为双显
对射传感器	接收传感器无信号变化	传感器无电源	检查传感器电源指示灯是否亮,若不亮则检查电源
		传感器损坏	传感器电源正常,用手遮挡红外光线,反复几次检查传感器信号指示灯是否变化,若无变化则传感器损坏
	红外发射器无光线	发射器无电源	检查发射器的电源指示灯是否亮,若不亮则检查电源
		发射器损坏	若发射器电源正常,无光线则发射器损坏
主控单元(ECU)	无法启动	电源供电出现问题	检查ECU 5V和24V电源是否正常,如果电源都正常,则检查PS-ON信号,PS-ON低电平开启供电电源,PS-ON高电平关闭供电电源,PS-ON信号增强则电源损坏,更换电源

续上表

部件	故障现象	故障分析	故障处理
主控单元（ECU）	无法启动	系统盘出现问题	重新更换系统盘
主连接板	指示灯无法控制或蜂鸣器不鸣叫	电源异常或连接板损坏	检查连接板的供电电源,如电源正常则连接板损坏,更换连接板
机芯控制器板	方向指示器无法控制,所有灯不亮或常亮	电源异常	检查方向指示器电源供电是否正常
机芯控制器板	方向指示器无法控制,所有灯不亮或常亮	机芯控制器板损坏	检查方向指示器是否能正常工作,能正常工作则机芯控制器板损坏,更换机芯控制器板
机芯控制器板	方向指示器无法控制,所有灯不亮或常亮	方向指示器损坏	检查方向指示器是否能正常工作,不能正常工作则方向指示器损坏,更换方向指示器
机芯控制器板	方向指示器无法控制,所有灯不亮或常亮	连接线损坏	检查方向指示器是否能正常工作,能正常工作,再检查机芯控制器板工作是否正常,若都没有问题则连接线损坏,更换连接线
机芯控制器板	扇门无法正常关闭或打开,不受控制	电机连接线损坏	用仪器检查电机连接线是否损坏
机芯控制器板	扇门无法正常关闭或打开,不受控制	电机控制损坏	电机连接线完好,检查扇门的驱动电机是否运转,摆臂是否摆动,电机无动作则检查电机是否正常,电机正常则机芯控制器板损坏,更换机芯控制器板
机芯控制器板	扇门无法正常关闭或打开,不受控制	电磁吸铁控制损坏	电机运转正常,摆臂摆动,电磁铁可正常工作,扇门无法关闭则机芯控制器电磁吸铁控制损坏,更换机芯控制器板
机芯控制器板	扇门不断打开和关闭	接近开关损坏	检查接近开关的电源,电源正常,但接近开关状态指示灯没有变化,则接近开关损坏,更换接近开关
读写器	读写器不能通信	读写器供电出现问题	先检查电源保险丝,保险丝完好检查电源线,电源线完好,检查读写器的电源,最终使读写器正常供电
读写器	读写器不能通信	通信线连接松动,没有连接好	拔下通信线,重新连接
读写器	读写器不能通信	工控机通信端口损坏	当以上电源和通信线都没有问题时,检查工控机通信端口是否有问题,若有问题则更换ECU
读写器	读写器不能通信	读写器损坏	若没有以上问题,则读写器损坏,直接更换读写器
读写器	读写器不能读SAM卡	SAM卡没有安装好	重新安装SAM卡,进行测试
读写器	读写器不能读SAM卡	SAM卡安装插槽损坏	若以上操作没问题,则SAM卡安装插槽损坏,更换读写器

续上表

部　件	故障现象	故障分析	故障处理
单程票回收模块	不能通电，电源指示灯不亮	电源线没有连接好	检查发卡机的电源线是否连接完好，有无损坏，若损坏则更换电源线
		保险丝损坏	电源线连接没有问题，检查电源的保险丝是否熔断，若熔断则更换新保险丝
		电源损坏，没有输出或输出不稳定	若以上检查均无问题，则电源模块故障，更换电源模块

自我测试与评价

一、判断题

(　　)1. 自动检票机位于车站的站台层，安装在车站的付费区和非付费区之间，用于实现进出站自动检票，同时也将地铁车站的站台围成一个封闭的区域。

(　　)2. 处在故障状态下的自动检票机，由主控计算机根据故障级别而采取相同的处理策略。

(　　)3. 当有两张及以上的车票同时出现在自动检票机读写器读写范围内时，自动检票机同时进行处理。

(　　)4. 主控单元的运行由程序代码控制，程序代码及运行参数可通过网络或其他方式下载。

(　　)5. 若车票有效，主控单元通过串口向通行控制模块发出命令，控制闸门打开，允许乘客通过自动检票机。

二、填空题

1. 由于自动检票机不能与车站计算机系统联网，因此，不能通过车站计算机系统设置自动检票机为紧急状态，但可通过(　　)设置自动检票机为紧急状态。

2. 自动检票机被设置成"超程忽略模式"时，出站自动检票机将不检查单程票的(　　)，并且回收所有的单程票，对于储值票则扣除最少的车费。

3. AFC 系统紧急按钮安装在车站控制室(　　)上。

4. 机芯控制器接收来自主控单元的命令和每个(　　)的状态，通过对命令和状态的分析，控制闸门做出适当的动作。

5. 机芯控制器主要负责处理初始化闸门、设置(　　)、通行传感器处理、通行引导、闸门部件测试、安全保护、紧急处理等工作。

6. 天线板通过(　　)和控制主板相连，完成射频信号的收发。

7. 自动检票机的通行控制模块由主控单元、机芯控制器、通行传感器、(　　)、闸门驱动/控制电路、方向指示器等组成。

8. 机芯控制器中包含通行物（　　）和闸门开关控制算法。

9. 系统启动或更换票箱后回收升降机构将票箱托盘升到票箱（　　），保证回收的单程票可以在票箱内自动码齐。

10. 票卡回收机构主要由车票回收口、车票分拣机构、方卡传输机构、（　　）组成。

三、选择题

1. 自动检票机单机独立运营是出现故障而采取的（　　）运营状态。
   A. 关闭　　　　B. 故障　　　　C. 降级　　　　D. 维护

2. 自动检票机被设置成"时间忽略模式"时，出站自动检票机将不检查车票上的（　　），但是仍然检查车票的票值，所有的车票按正常方式扣值。
   A. 进站时间信息　　　　　　B. 出站时间信息
   C. 购票时间信息　　　　　　D. 退票时间信息

3. 在关闭状态下，自动检票机退出运营状态，但车站计算机仍可监控处于关闭状态的自动检票机，该状态通常在运营（　　）时使用。
   A. 故障　　　　B. 维护　　　　C. 开始　　　　D. 结束

4. 在维护状态下，维护人员可以通过（　　）输入指令完成测试各部件的工作状态、查询数据等工作。
   A. 维护鼠标　　B. 维护键盘　　C. 触摸屏　　　D. 网络

5. 车票回收口外部采用光滑的导向通道，使车票可以方便插入。车票回收口的内部通道高仅（　　）mm，这样一次就只有1张车票进入回收通道。
   A. 0.5　　　　　B. 0.6　　　　　C. 0.8　　　　　D. 1.0

四、简答题

1. 自动检票机的机芯控制器是如何实现通行控制的？
2. 自动检票机的通行控制模块能够识别哪几种乘客通行行为？

根据表3-3给出的故障现象，分析故障原因，列出检测及解决方法。

自动检票机常见故障分析及解决方法　　　　　　　　　　　　　　表3-3

序号	故障现象	故障分析	检测及解决方法
1	显示器颜色不正常		
2	接收传感器无信号变化		
3	主控单元无法启动		
4	扇门无法正常关闭或打开，不受控制		
5	读写器不能通信		
6	单程票回收模块不能通电，电源指示灯不亮		

项目4

自动售票机

◎ 项目导入

网络、电子商务等技术的快速发展拓宽了城市轨道交通、航空等票务的销售渠道，乘客购票越来越方便。现在，除了在售票处和票务代理点人工购票外，还可通过自动售票机购票，整个过程简单、快捷。

❀ 知识结构要求

1. 掌握自动售票机设备构成。
2. 掌握自动售票机的操作及故障处理方法。

❀ 职业能力要求

1. 能够进行自动售票机的操作与维护。
2. 能够进行自动售票机的故障检测及处理。

知识准备

4.1 自动售票机的工作状态

自动售票机（Ticket Vending Machine，TVM）是用于现场自助发售、赋值有效车票，具备自动处理支付和找零功能的设备。自动售票机位于车站非付费区，乘客可以自助购买地铁单程票和对储值票进行充值。自动售票机外观如图4-1所示。

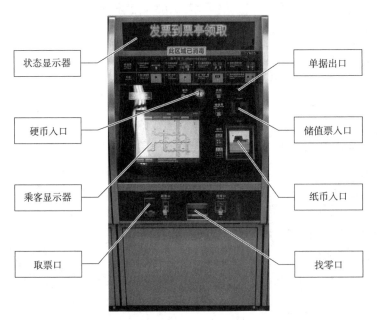

■ 图 4-1
自动售票机外观图

自动售票机的工作状态主要有运营状态、暂停服务状态、关闭服务状态、紧急状态、维护状态。

1. 运营状态

运营状态存在联网运营和单机独立运营两种情况，在这两种情况下，运营状态通常可分为正常模式、找零/无找零模式、只收硬币模式、只收纸币模式。

(1)联网情况。

①联网运营。通常自动售票机处于联网运营状态时,可以完成所有的正常功能。自动售票机的故障信息可在2s内主动上传到车站计算机系统。车站计算机系统可以通过车站系统网络下载参数和下发指令。

②单机独立运营。当车站系统网络或车站计算机系统发生故障时,自动售票机将自动转入单机独立运营状态,单机独立运营时,自动售票机具有除与车站计算机系统联网以外的所有功能,且至少可以存储100万条交易数据及7天的设备数据。当通信恢复时,自动售票机能将保存的交易数据及时上传给车站计算机系统。

(2)运营模式。

①正常模式。正常运营模式下,自动售票机自动完成供票、赋值及出票的处理过程,并在车票赋值前进行车票的有效性检查,在对车票赋值后对所写数据进行校验。如果有效性检查及校验失败,车票被送到废票箱,同时设备尝试再次发售车票。如果连续出现车票检查/校验错误的次数达到参数设置次数,设备暂停服务并报告车站计算机系统,并向乘客返还已投入的钱币。

②找零/无找零模式。自动售票机可通过参数设置为允许找零或禁止找零模式。当自动售票机的找零钱币存量低于设定值或找零装置出现故障时,自动售票机将自动进入无找零模式,在运营状态显示器上显示本机不找零,并向车站计算机系统报告找零不足的状态。当找零装置中的纸币与硬币存量达到最少存币量时,自动售票机将自动转换回找零模式。找零装置中纸币与硬币的最少存币量可通过系统参数进行设置。

③只收硬币模式。通过参数设置可将自动售票机设置为只收硬币模式。此外,当出现纸币机发生故障、纸币钱箱满或被损坏、纸币钱箱不在位且储值票单元发生故障等情况时,自动售票机将自动转为只收硬币模式。在此模式下,自动售票机只接收硬币且拒收纸币,纸币入口始终关闭,并在运营状态显示器上显示本机只收硬币,同时向车站计算机系统上报相应的故障信息。

④只收纸币模式。通过参数设置可将自动售票机设置为只收纸币模式。此外,在硬币机出现故障、硬币钱箱满或被损坏、硬币钱箱不在位且储值票单元发生故障等情况下,自动售票机将自动转为只收纸币模式。在此模式下,自动售票机只接收纸币且拒收硬币,硬币入币口始终关闭,并在运营状态显示器上显示本机只收纸币,同时向车站计算机系统上报相应的故障信息。

2. 暂停服务状态

当自动售票机发生不能继续服务的故障时,将自动转入暂停服务状态,不再响应乘客的购票操作,点击触摸屏被禁止,并在运营状态显示器上显示暂停服务。导致自动售票机无法继续服务的故障主要包括发票机构发生故障、两个票箱同时不在位或两个票箱皆空、主机与主要工作模块无法通信、参数文件丢失等。

3. 关闭服务状态

当中央计算机系统、车站计算机系统发送关闭运营指令时或每天运营结束后,自动售票机自动转为关闭服务状态。此时,自动售票机不响应用户在乘客显示器上的任何操作,但仍处于与车站计算机系统的通信连接状态,并向车站计算机系统报告本机的状态,自动售票机的运营状态显示器上将显示服务已关闭。

4. 紧急状态

在某些紧急状况下,当线路中央计算机系统或车站控制室发出车站设备进入紧急状态命令或自动售票机采集到紧急按钮发出的紧急状态信号时,自动售票机将自动转入紧急状态,不再售票。如果此时自动售票机正在执行一笔售票交易,则在该交易完成后自动转入暂停服务状态,运营状态显示器上显示暂停服务。当紧急状态取消后,自动售票机可以自动恢复到正常模式。

5. 维护状态

设备状态监控以及自动售票机自动上报的故障信息对自动售票机的维护十分重要,对自动售票机进行维护是保证自动售票机正常服务的重要措施。

自动售票机发生的故障包括两类:一类是不影响自动售票机服务的故障,另一类是使自动售票机无法继续售票的故障。第一类故障主要有一个票箱故障(不在位或空)、纸币机故障(此时可只接收硬币)、找零通道堵塞或找零箱空(此时进入无找零模式)等;第二类故障主要有两个票箱均无法继续提供车票、车票拥塞、废票箱满、维护面板(键盘)无法通信等。

对自动售票机进行维护的人员必须是专业的车站工作人员,且每个维护人员只能进行自己权限范围内的操作,否则自动售票机将报警并向车站计算机系统报告状态。每次维护时都必须输入用户名和密码,校验通过后才可进行维护。

自动售票机的功能 4.2

自动售票机的功能如下。

1. 单程票发售

发售单程票是 TVM 的主要功能之一。根据乘客的选择，TVM 可发售单张或多张车票。当乘客放入足够的现金票款后，TVM 根据主控单元的指令从单程票发售模块的票箱中逐张取出欲发售的票卡，并通过读写器进行校验、赋值。对符合发售条件的票卡赋值发售，将无效票及设定类型的票卡回收至废票箱。

2. 储值票处理

对储值票进行充值是 TVM 的又一项重要功能。当 TVM 收入指定面值的纸币后，通过储值票处理模块对储值票进行读写操作，完成充值。TVM 首先对乘客放入的储值票进行校验，验证储值票的合法性（未被列入黑名单等）及完整性（可正常进行信息读取），之后根据乘客放入的现金金额将充值信息写入储值票。

3. 现金处理

TVM 中配置了硬币处理单元、纸币处理单元，可以实现硬币与纸币的识别接收及硬币余额找零功能。

4. 权限控制

根据工作性质及内容的不同，TVM 的操作及维护人员有不同级别的操作权限，通过用户名与密码进行权限控制。每种权限都有其特定的操作范围，操作员只能在此范围内做相关操作。未经授权的任何操作，TVM 都会立刻报警，并将报警信息上传给车站计算机系统。

5. 操作引导

TVM 的面板上分布有运营状态显示器、操作指南、乘客显示器、硬币入口、纸币入口、储值票入口、取票口、找零口、单据出口等组件。各组件布局合理，符合人体工程学的设计要求，同时配有清晰的图案或文字提示，方便乘客进行相关操作。

6. 数据交换

TVM 通过车站局域网与车站计算机系统相连，上传设备状态、交易信息,下载设置参数及新版软件。

7. 状态监测

TVM能够监测并记录设备的运营状态、钱箱及票箱的状态与容量等状态信息,并可将上述信息定时上传至车站计算机系统。

8. 票务审计

TVM会定期或实时将寄存器的变化发送给车站计算机系统,通过对这些寄存器的统计可以得到相关报表,从而实现对票务业务的各类审计功能,包括财务审核、票卡累计计数、故障审核等。

9. 离线工作

设备能在离线状态下工作。当TVM与车站计算机系统之间的通信中断时,设备能够正常工作,进行正常的交易操作,保存详细的交易数据、状态信息及通信数据。待通信恢复后,将上述数据上传至车站计算机系统。

10. 报警

当有人非法开启设备机柜门,或非法移动钱箱时,设备的报警装置将被启动,发出报警,并同时将非法侵入信息上传给车站计算机系统。

11. 维护维修

TVM采用后开门的维护方式。设备内的主要部件均采用模块化设计,并可通过轨道导轨全部拉出及收回。

12. 单据打印

TVM配置了一台高速热敏打印机,通过自带的字库,可打印出字符、汉字或图形。单据打印机具有自动切纸功能,当打印完毕,打印机将所打印的单据传送至单据出口,并自动将已打印的内容切下,以方便乘客将单据取走。

项目4　自动售票机　　理论单元4.3　自动售票机设备构成

自动售票机设备构成　4.3

自动售票机主要由主控单元、打印机、纸币处理模块、电源模块、单程票发售模块、硬币处理模块、读卡器、显卡模块、加币箱、维修面板等组成。自动售票机内部结构如图4-2、图4-3所示。各模块功能如表4-1所示。

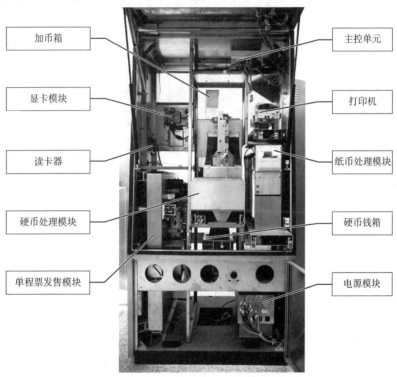

■ 图4-2
自动售票机内部结构(正面)

下面重点介绍纸币处理模块、硬币处理模块、单程票发售模块。

1. 纸币处理模块

纸币处理模块用于识别和接收人民币50元、100元纸币,将不符合识别参数指标的纸币和假币退还给乘客。纸币处理模块包括纸币识别器(图4-4)和纸币钱箱(图4-5)。

纸币识别器一般至少可以识别六种纸币(同一面值但不同版本的纸币将被以为是两种纸币)。

自动售票机概述

自动售票机组成

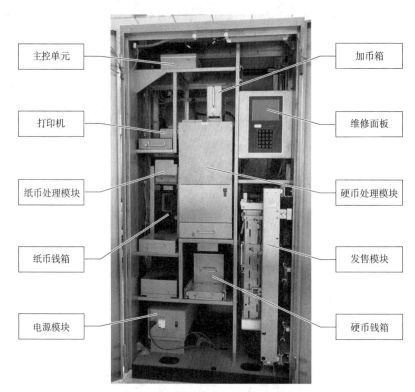

■ 图 4-3
自动售票机内部结构(背面)

自动售票机设备构成　　　　　　　　　　　　　　　　　　　　　　表 4-1

序号	项目	功能
1	主电源	直流开关电源,为内部各模块提供直流供电
2	硬币钱箱	收纳乘客投入的硬币; 执行清空硬币操作时,收纳设备内所有硬币
3	单据打印机	打印充值交易凭证及运营维护信息
4	纸币处理模块	识别并接收购票或充值的纸币,逐张插入,一起返还(最多15张)
5	硬币处理模块	接收乘客投入的硬币并实现硬币找零
6	I/O 扩展板	提供 I/O 数据接口
7	运营状态显示器	显示设备状态及运营信息
8	报警器	出现违法操作时发出报警声
9	维修面板	操作员登录接口,通过其实现设备检测维修及运营结账
10	乘客显示器	显示乘客操作界面和提示信息
11	主控单元	运行控制、车票处理、现金处理、数据处理、通信、状态监控等
12	单程票发售模块	对单程票进行赋值、发放,可设定单次最大张数
13	配电箱	包括漏电保护开关、保护装置、维修插座、接线端子等
14	加热器	在必要的情况下,对 TVM 内部进行温度补偿
15	接近传感器	判断乘客接近 TVM 前面板,启动相应操作

a) 外观图　　　　b) 内部图

■ 图 4-4
纸币识别器

a) 外观图　　　　b) 内部图

■ 图 4-5
纸币钱箱

纸币处理模块收到接收纸币指令,纸币入口处绿色指示灯亮,提示纸币机芯模块工作正常,可以插入纸币。

乘客将纸币平整地插入纸币入口处,纸币机芯模块对插入物进行初步判断,如认定为纸币,则打开进币口电机,吸入纸币,并自动纠正没有垂直插入的纸币。

吸入的纸币进入传送通道,在纸币识别区经传感器识别纸币合法性及面额特征,采用先进的纸币识别方法对纸币的真伪进行判断,如果纸币是真币且符合接收要求,将会被存放在纸币暂存区;如果纸币为假币或非法纸币,将直接由退币口退还给乘客。

如果本次购票交易成功,则将暂存区的纸币传送至缓冲区(压钞区),压入钱箱存储;如果交易失败或取消交易,则将暂存区的纸币由退币口退还给乘客。钱箱设有位置检测传感器,可以对钱箱已满或将满的状态进行判断。如果钱箱已满,纸币处理模块关闭纸币入口,停止接收纸币。

自动售票机纸币处理模块

■ 图4-6
硬币处理模块外观

2. 硬币处理模块

(1)硬币处理模块构成。

硬币处理模块主要由硬币接收器(硬币入口、硬币识别器)、硬币暂存器、循环找零箱、换向器、补充找零钱箱、硬币钱箱等组成。其外观如图4-6所示。

①硬币接收器:接收乘客投入的硬币,由硬币入口和硬币识别器(图4-7)组成。

a. 硬币入口。硬币入口符合人体工程学设计,方便乘客投入硬币并能有效防止卡币,且具有明显的标志指示乘客投入硬币或取回硬币。在自动售票机暂停接收硬币、暂停或关闭服务时,硬币入口关闭。硬币入口具有防水功能。

b. 硬币识别器。硬币识别器具有较高的鉴别能力,对于与真币较为相似的游戏币有着较强的拒收能力,对于无法识别的硬币能够原币退还;具有凸轮机构,用于硬币卡币时的退币操作。

②硬币暂存器。硬币暂存器在硬币识别器的下面,负责暂存通过识别的硬币,当乘客取消操作后,硬币暂存器会把投入的硬币返还给乘客。当乘客成功交易时,硬币暂存器就会把硬币倒入循环找零箱以实现循环找零功能。

③循环找零箱。实现硬币循环找零功能,把乘客投入的硬币存在循环找零箱中,以减少补充找零箱补充硬币的次数。当循环找零箱满时,将硬币倒入硬币钱箱储存。

④换向器。安装在硬币暂存器和找零口、硬币钱箱之间,通过控制换向器的挡板把硬币导向不同的通道,从而使硬币流向找零口或存入硬币钱箱。

⑤补充找零钱箱。在循环找零箱中的硬币已用完的情况下,用补充找零钱箱中的硬币进行找零。

⑥硬币钱箱(图4-8)。硬币钱箱用于运营结束后回收设备内的硬币。每个硬币钱箱有独立的电子ID,硬币处理模块能自动识别所放入的钱箱编号。硬币钱箱带有信息模块,信息模块储存电子编号、硬币类型、硬币计数等数据。

■ 图4-7
硬币识别器

a)外观图

b)内部图

■ 图4-8
硬币钱箱

自动售票机可监测硬币钱箱"将满"或"满"的状态,并将状态发送至车站计算机系统,到达"将满"或"满"状态的判定标准可通过参数设置。硬币钱箱具有双锁功能,只有当两把钥匙共同作用时才能打开硬币钱箱,可防止更换硬币钱箱的操作人员接触钱币。

自动售票机硬币处理模块

(2)硬币处理流程。

①乘客投入硬币处理。

乘客进行购票操作时,硬币入口阀门打开,硬币由硬币入口进入硬币识别器。不能识别或不符合参数的硬币退还到找零口,符合参数的硬币由硬币识别器进入硬币暂存器,交易成功后,硬币由硬币暂存器进入循环找零箱,当循环找零箱满时,硬币会直接进入硬币钱箱。

TVM硬币模块设备的基础操作

②找零硬币处理。

由循环找零箱进行找零,当循环找零箱硬币数量不足时,则由补充找零钱箱找零。当找零硬币数量低于设定下限值时,自动售票机将自动变为"拒收纸币"模式(设定下限值与TVM可接收购单程票时所用纸币的最大面值有关,如最大面值为20元,则设定下限值为20元);找零硬币数量达到设定下限值时,TVM将自动恢复接收纸币功能。

③清币处理。

运营结束后,对硬币处理模块的硬币进行清币,清空时按一定顺序依次清空补充找零钱箱和循环找零箱中的硬币,同时对硬币进行计数。

3.单程票发售模块

单程票发售模块负责完成车票读写、传送及废票回收处理。单程票发售模块主要包括两大部分:车票读写设备和车票传送装置。单程票发售模块外观如图4-9所示。

■ 图4-9
单程票发售模块外观图

对于非接触式IC车票,自动售票机的车票传送装置首先从票箱中取出车票,然后到车票读写区(天线)完成车票的校验,合法的车票在成功写入发售设备号、发售时间、车票金额等信息后被送至出票口。未通过校验的车票或写入信息失败的车票将被送入废票箱,单程票发售模块从票箱中取出下一张车票重新发售。

单程票发售模块可以根据主控单元的命令从指定的票箱中取出车票进行发售处理。可以实时监控票箱的状态,在票箱不在位、票箱将空、票箱已空、废票箱将满或废票箱已满时向主控单元发送相关信息,主控单元将相关信息上传到车站计算机系统。

自动售票机单程票发售模块

单程票发售模块的票箱和票卡回收机构的票箱可以互换,这样可以直接将票卡回收机构回收的车票放入单程票发售模块再次发售,实现单程票的循环使用,大大减少了运营管理人员的工作量。

TVM票卡设备的基础操作

任务实践

技能单元 4.1 自动售票机的操作

一、硬币、纸币购票操作流程

按线路购票（先投币）操作流程，即显示"操作主界面"（前次的交易结束，返回基本界面）→乘客选择线路→乘客选中站点→乘客选择张数（默认一张）→乘客投入足够钱币→按提示，在取票口拿走车票，在找零口拿走找零的钱币。如图 4-10 ~ 图 4-15 所示。

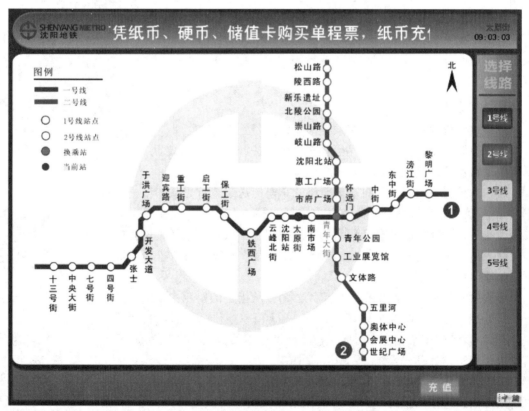

■ 图 4-10
操作主界面

项目4 自动售票机　　技能单元4.1　自动售票机的操作

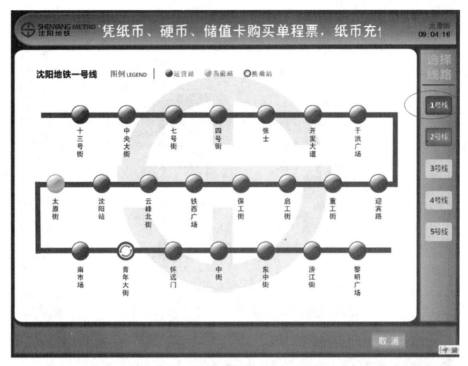

■ 图 4-11
线路选择

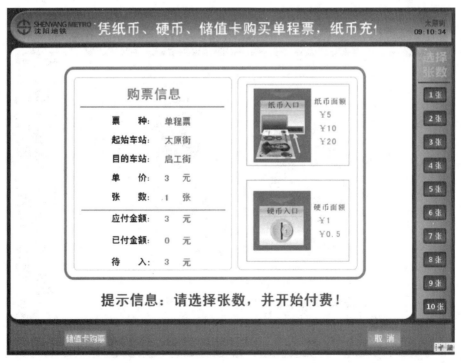

■ 图 4-12
站点选择

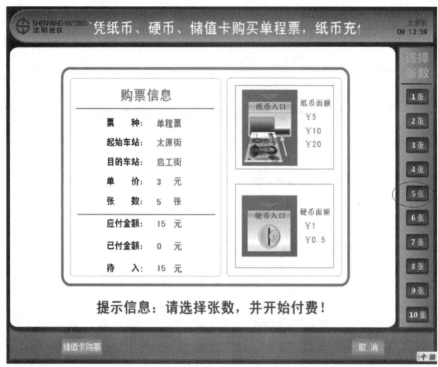

■ 图 4-13
张数选择

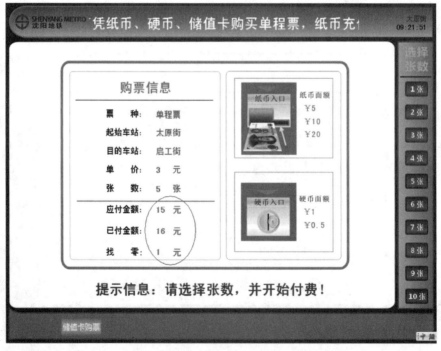

■ 图 4-14
投入足够钱币

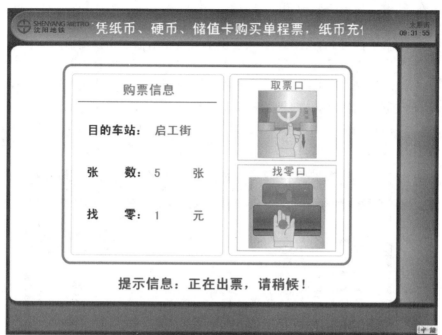

■ 图4-15
出票、找零

二、维护操作

1. 维护登录

登录界面如图4-16所示。

在输入用户名（如000000）、密码（如000000）后，点击"确定"，进入维护主界面，点击"取消"，退出维护，回到系统主界面。

2. 维护主界面

维护主界面如图4-17所示，提供了各个硬件单元的维护接口。

■ 图4-16
登录界面

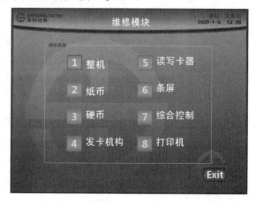

■ 图4-17
维护主界面

3. 维护读写卡器

读写卡器的维护模块提供了对读写卡器的错误定位及检测功能。公共操作界面提供了打开、关闭读写卡器串口的功能,在执行打开/关闭串口前,先选择对应的串口号。"获取版本号"是验证读写卡器下位机程序是否已挂起的简易方法,如果读写卡器下位机程序工作正常,点击该按钮后,"Version"框将显示当前读写卡器的版本号。公共操作包含了对读写卡器延时的设置和天线控制。读写卡器公共操作界面如图4-18所示。

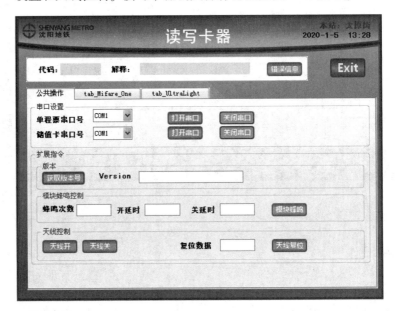

■ 图 4-18
读写卡器公共操作界面

读写卡器 Mifare_One 操作界面提供了读写卡器针对 Mifare_One 储值票的测试功能。

储值票的操作流程为初始化、询卡、防冲突、选卡;正确完成选卡后,将获得卡类型(储值票)和卡号。

对储值票的操作需要密钥支持,密钥有 A、B 两种类型。密钥操作针对的是将要读写的储值票区块,在选择了相应块后,输入密钥,选择 A 密钥类型,即可完成密钥的装载和认证。

对储值票的操作包含针对某一块的读写操作和针对钱包的加减值操作。

读写卡器 Mifare_One 操作界面如图 4-19 所示。

读写卡器 UltraLight 操作界面提供了读写卡器针对单程票的测试功能。

单程票的询卡包括两次防冲突、选卡操作,每次操作将得到单程票卡号的一部分,两次操作结果组合起来构成了单程票的物理卡号。

针对单程票的操作有特定块的读写和钱包操作。

读写卡器 UltraLight 操作界面如图 4-20 所示。

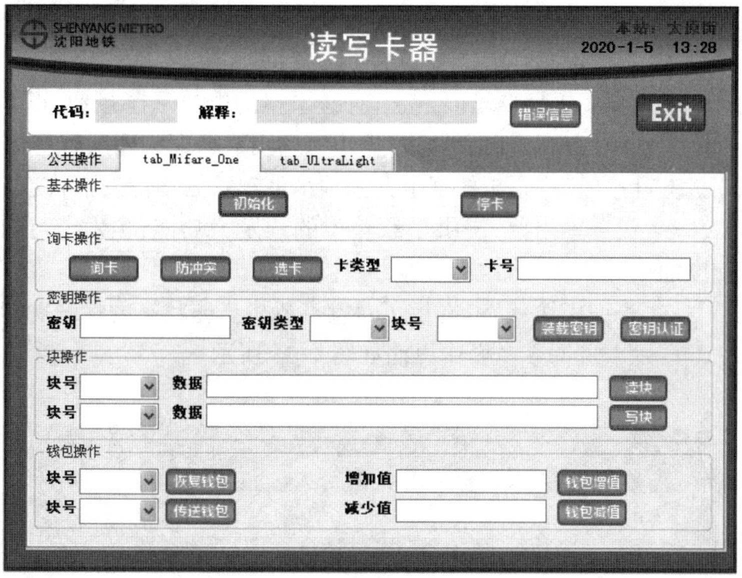

▇ 图 4-19

读写卡器 Mifare_One 操作界面

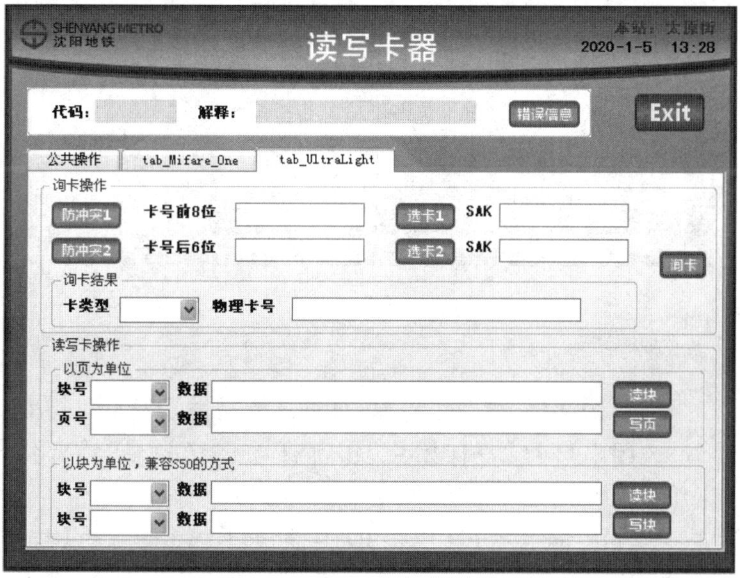

▇ 图 4-20

读写卡器 UltraLight 操作界面

4. 维护发卡机构

发卡结构的维护模块提供了针对单程票发售机构的测试功能。

基本操作界面包括发卡机构常见动作的测试按钮,如果发卡机构发生故障,点击这些按钮能够方便地定位故障点,帮助用户排除故障。

在基本操作界面,将卡的发售过程分解为发售到票箱出票口、读写卡区、取票口,以及把发售到票箱出票口的票退回票箱,通过这些动作的执行,可以检测发卡机构的票卡传送通道是否存在卡票、不动作等故障。

用户在更换票箱前,点击对应票箱的电机下降按钮,可以将票箱托杆下降到底端,方便拿出票箱;在更换完票箱或者完成加票后,点击对应票箱的电机上升按钮,将票箱托杆上升到顶部使票箱处于待发卡状态。

"设置预出票"提供了票箱1的预发卡功能,预发卡可以使整体发卡速度加快。

"查询模块状态"提供了对发卡机构工作状态的检测功能。

发卡机构基本操作界面如图4-21所示。

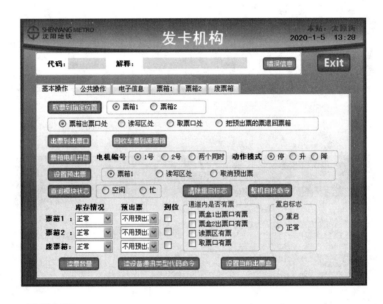

■ 图4-21
发卡机构基本操作界面

发卡机构公共操作界面(图4-22)提供了发卡机构串口选择、打开串口、关闭串口、设备初始化、读部件硬件序列号、读部件软件版本号等功能。

票箱内部包含一个电子ID卡,记录了票箱的电子ID。发卡机构电子信息界面(图4-23)针对两个票箱,提供了电子信息的读写接口。

在换票箱时使用"票箱1""票箱2"两个界面。换票箱的基本流程如下。

(1)取下票箱。

①把票箱降下到底部。

②盖上票箱盖并上锁票箱。

③旋开票箱锁两旁的固定装置。

④下拉票箱安装架。

⑤取出票箱。

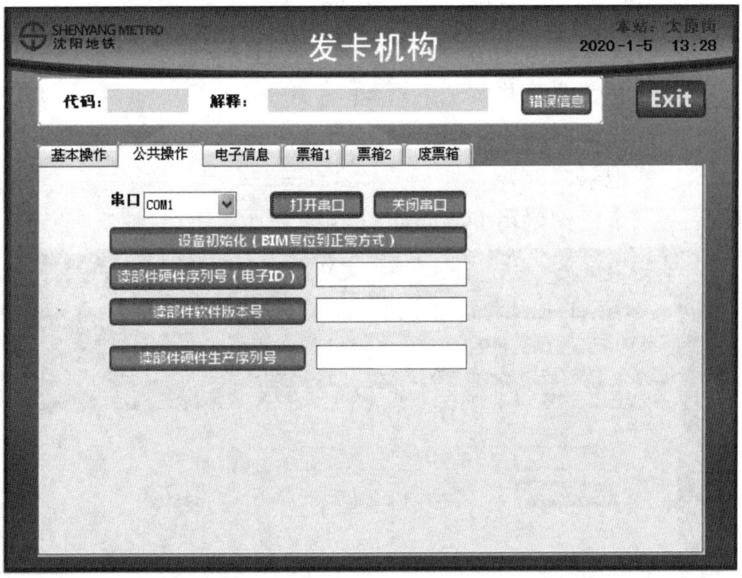

■ 图 4-22
发卡机构公共操作界面

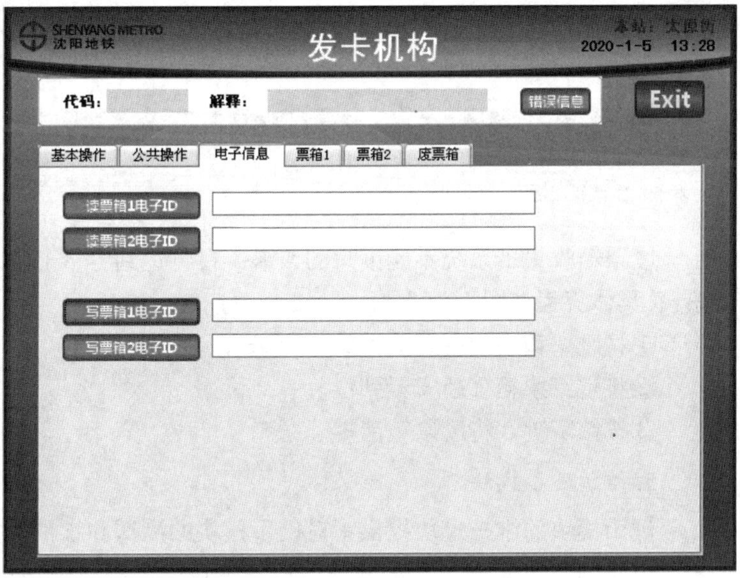

■ 图 4-23
发卡机构电子信息界面

(2)设置加票数量。
①按 F3 或点击新票箱数量按钮,输入更换后的票箱 1 的票数。
②按 F4 或点击更换按钮,完成加票。
(3)安装票箱。
①把票箱托盘架下降到底部。

②把票箱安置到票箱安装架。
③旋紧票箱座两旁的票箱固定装置。
④解锁票箱并掀开票箱盖。
⑤上拉票箱安装架。
⑥把票箱上升。

发卡机构票箱 1 界面如图 4-24 所示。

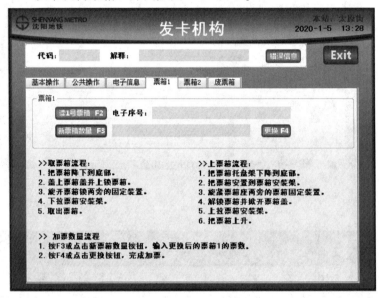

■ 图 4-24

发卡机构票箱 1 界面

废票箱收集了系统不能读写的票卡。在将达到容量上限时,需要清空废票箱,具体流程如图 4-25 所示。

①将废票箱中的废票取出。
②将空废票箱重新安置到位。
③按数字键 0 将废票箱清零。

5. 维护硬币模块

硬币模块的维护模块提供了对硬币模块的测试和维护功能。

模块测试单元分为基本操作、找零与回收、盘点操作、公共操作、硬币设置、电子信息等。

基本操作界面主要功能如下。

①对硬币模块各个功能组件的自检。

②基本的硬币识别:打开闸口开始接收硬币、查询缓存识别硬币、停止接收硬币、原币奉还、硬币回收等。

③缓存器和分币器的指向决定了硬币是流向循环找零箱还是流向找零口或硬币回收箱,在待机状态下,缓存器和分币器都指向原点。

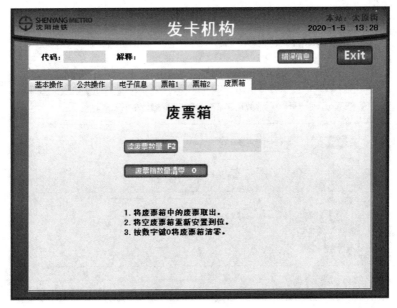

■ 图 4-25
发卡机构废票箱界面

硬币模块基本操作界面如图 4-26 所示。

■ 图 4-26
硬币模块基本操作界面

"找零"可以分别设置从 4 个 Hopper 中要找出多少个硬币；"回收"可以将 4 个 Hopper 中设定数量的硬币回收到硬币回收箱。找零与回收操作都会返回动作完成后实际执行的结果。硬币模块找零与回收界面如图 4-27 所示。

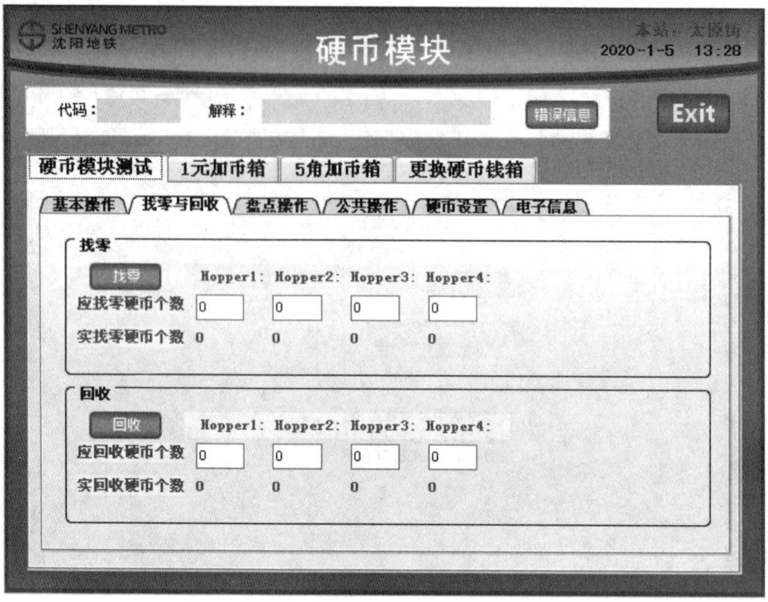

■ 图 4-27
硬币模块找零与回收界面

硬币模块在使用一段时间后,需要做盘点操作,通过盘点操作界面,可以将 4 个 Hopper 中的所有硬币导入硬币回收箱。盘点也可以只针对单个 Hopper。需要注意的是,为了保证系统数据的一致性,在完成盘点后,需要点击"盘点完成"来更新系统计数。硬币模块盘点操作界面如图 4-28 所示。

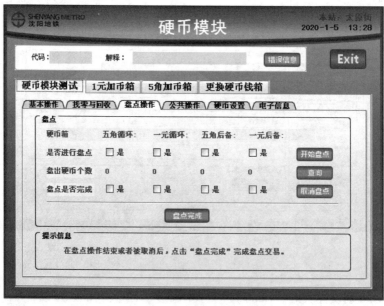

■ 图 4-28
硬币模块盘点操作界面

硬币模块公共操作界面如图 4-29 所示。公共操作提供了针对硬币模块的基本操作，可用来检测硬币模块与主控单元的通信情况。

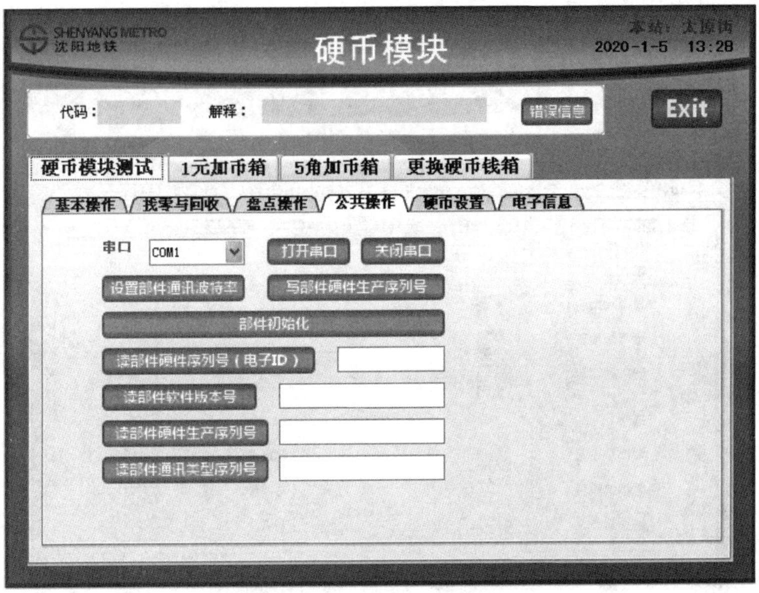

■ 图 4-29
硬币模块公共操作界面

硬币设置界面用来设置硬币模块可以接收的硬币类型。一般情况下，不建议用户修改此设置。硬币模块硬币设置界面如图 4-30 所示。

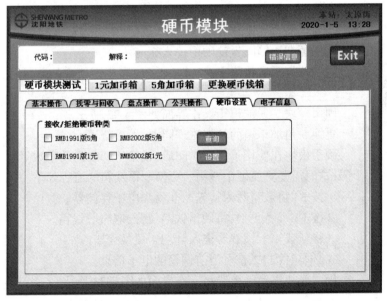

■ 图 4-30
硬币模块硬币设置界面

硬币模块的两个硬币加币箱和硬币回收箱都具有电子 ID，电子 ID 中记录了硬件本身的电子序号和容量，其中电子序号不建议用户修改，容量信息可由用户修改。硬币模块电子信息界面如图 4-31 所示。

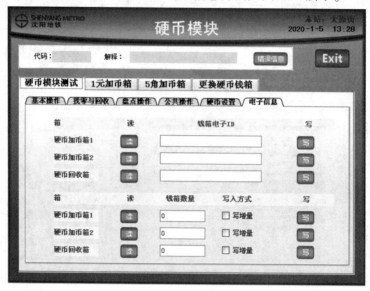

■ 图 4-31
硬币模块电子信息界面

更换 1 元加币箱的基本流程如下。
①将 1 元加币箱安放到漏斗上方，并上锁。
②按 F2 读取加币箱电子序号和数量信息。
③如果需要人工输入加币数量，请按 F3 进入输入状态输入加币数量。
④抽掉加币箱隔板让硬币掉入相应漏斗。
⑤确认加币数量无误后，按 F4 修改漏斗中硬币的数量并将加币箱数量清零。

硬币模块 1 元加币箱操作界面如图 4-32 所示。
更换 5 角加币箱的基本流程同上，不再赘述。
硬币模块在使用了一段时间后，钱箱中回收的硬币数量可能会接近容量上限，这时需要更换硬币钱箱。更换硬币钱箱的流程如下：
①按 F3 将数量写入钱箱的非易失电子存储器。
②按 F3 准备更换，将硬币钱箱拉开，取出旧钱箱。
③将新钱箱上锁然后推入，按 F4 更换完毕。
④必要时按 F2 查看当前钱箱的电子信息。

硬币模块更换硬币钱箱操作界面如图 4-33 所示。

6. 维护纸币模块

纸币模块在使用了一段时间后，钱箱中回收的纸币数量可能会接近容量上限，这时需要更换纸币钱箱。更换纸币钱箱的流程如下。

①按 F3 准备更换,将纸币钱箱锁紧装置解开。
②将纸币钱箱上部的锁打开并取出旧钱箱。
③将新钱箱送入并上锁然后扣上锁紧装置。
④按 F4 使系统设法让纸币模块恢复正常。
⑤必要时按 F2 查看当前钱箱的电子信息。

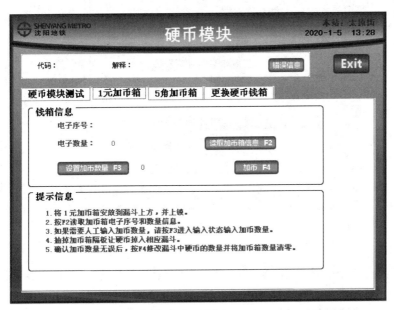

■ 图 4-32
硬币模块 1 元加币箱操作界面

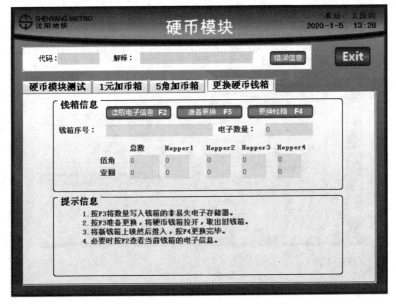

自动售票机
硬币钱箱操作

■ 图 4-33
硬币模块更换硬币钱箱操作界面

纸币模块更换纸币钱箱操作界面如图4-34所示。

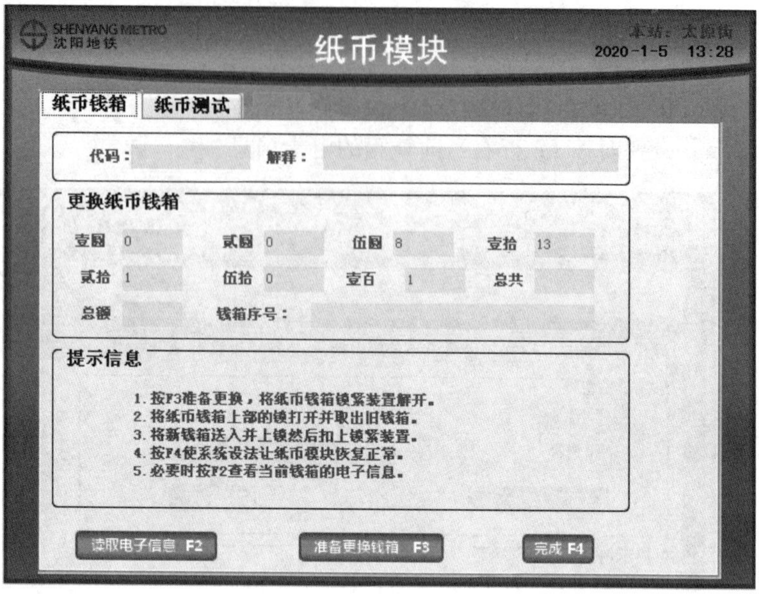

自动售票机纸币钱箱操作

■ 图4-34

纸币模块更换纸币钱箱操作界面

在"纸币测试"单元，提供了纸币模块的测试和维护功能。其中公共操作界面提供了针对纸币模块的基本操作。纸币模块公共操作界面如图4-35所示。

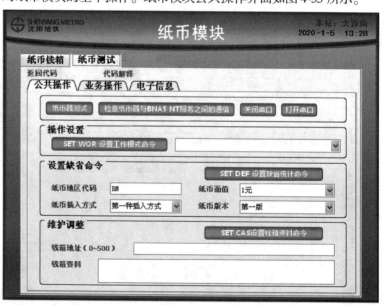

■ 图4-35

纸币模块公共操作界面

在业务操作界面，提供了检验纸币基本动作的按钮，包括WOR开始工作命令、REF退出命令、取消纸币处理命令、查看被纸币器确认的最后纸币、

ENC压入钱箱命令、纸币器恢复、复位纸币器、清空钱箱计数,在动作执行完成后,在"业务查询结果"栏可以显示动作执行的结果。纸币模块业务操作界面如图4-36所示。

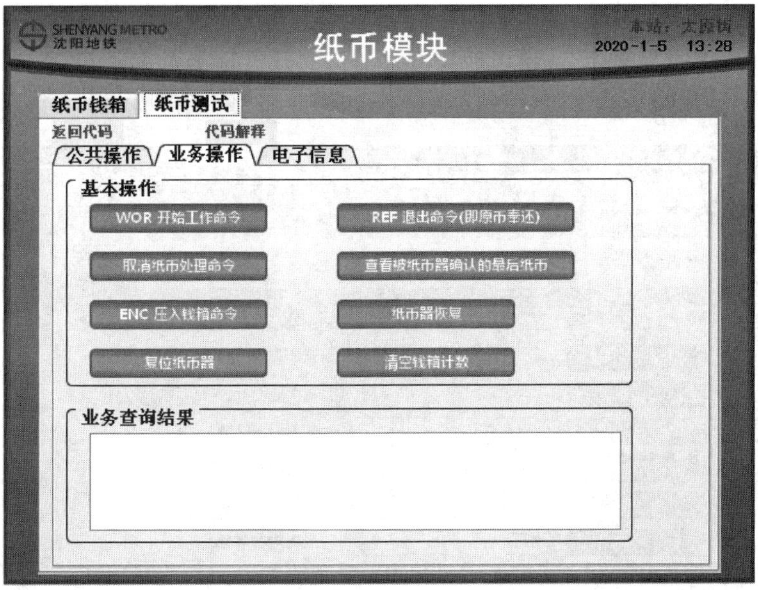

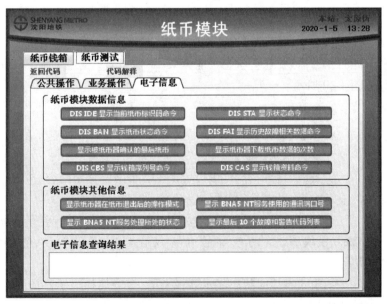

■ 图4-36
纸币模块业务操作界面

纸币模块的电子信息界面提供了纸币模块内部状态的查询功能,相应的查询结果在"电子信息查询结果"栏显示,电子信息界面如图4-37所示。

■ 图4-37
纸币模块电子信息界面

7. 维护综合控制器

综合控制器维护模块提供了针对综合控制器的测试、维护功能。

基本操作界面提供了一系列按钮,用来检测综合控制器对找零口照明、出票口照明、硬币操作指引、纸币操作指引、储值票操作指引、打印操作指引等照明的操作,还包括储值票闸口的开关检测及部件自检、蜂鸣器控制等功能的测试。综合控制器基本操作界面如图 4-38 所示。

■ 图 4-38

综合控制器基本操作界面

状态查询界面可以查询当前自动售票机各个到位开关、后门锁等设备的即时状态信息,这些状态只能读取,不能设置。综合控制器状态查询界面如图 4-39 所示。

8. 维护状态显示器

状态显示器的维护模块提供了对 LED 条屏状态显示器的测试、设置、维护功能。具体功能如下:

①条屏内容设置:可以设置 1~32 个屏的显示内容,包括上半屏、下半屏的显示内容,可以设置各屏显示的颜色、显示模式。

②如果选择"仅显示不写入",则设置的内容不会写入状态显示器的 Flash 模块,设置的该屏号内容仅在当时可以看到,重启系统后将被清空。

③模式自检时状态显示器将半屏、全屏切换显示不同颜色,以检验 LED 的正确性。

状态显示器界面如图 4-40 所示。

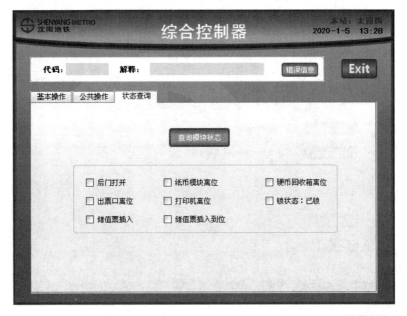

■ 图 4-39
综合控制器状态查询界面

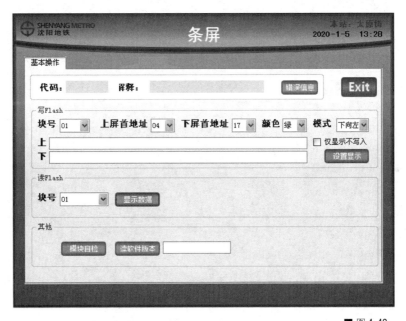

■ 图 4-40
状态显示器界面

9. 维护打印机

打印机维护模块提供了对打印机的测试功能,包括串口、初始化功能、逐行打印、全部文本打印、走纸、切纸、行边距等各项设置,打印机基本操作界面如图 4-41 所示。

■ 图4-41

打印机基本操作界面

自动售票机
维护操作

自动售票机的维护 4.2

自动售票机的维护工作按性质分为计划性维护及故障性维护,计划性维护按维护内容可分为日常维护、月维护、半年维护、年维护。

一、日常维护

自动售票机日常维护以设备的清洁为主。其主要内容包括:

1. 设备清洁(每日1次)

①清洁显示屏、触摸屏,做到表面无浮尘、无污渍。
②清洁硬币、纸币投币口,表面不得粘纸或粘其他物品。
③清洁出票机构所有压轮和滚轮,不得有污垢。在清洁过程中,检查紧固件,如有松动及时紧固。
④清洁传动皮带,不得有污垢。如发现皮带有老化、松弛现象,应及时更换。

2. 设备检查(每日2次)

检查触摸屏、液晶屏、状态指示器等。
屏幕亮度适中,无笔画缺损,无漂移、抖晃、色差、功能缺失等现象。如发现异常情况,及时调节或更换。

3. 设备所有指示灯检查

如发现纸币识别器运行指示灯、取票口指示灯等器件无法正常指示,及时调整或更换,严禁故障状态滞留。

4. 设备运行状态巡视

①设备是否有异常响声。
②设备是否出现故障。
③设备运行是否稳定(指是否频繁重复发生故障)。

二、月维护

1. 设备清洁

(1)清洁设备外部。
做到表面无浮尘、无污渍、无粘纸且不得粘其他物品。
清洁设备外壳、出票口、显示区、乘客标志区。

(2)清洁设备内部。

做到无明显灰尘、无污渍、无粘纸且不得粘其他物品。应清洁以下部分：

①车票传输机构：车票传输部分、票盒升降部分、机构导轨、发票控制板。

②工控机外壳。

③UPS、电源、风扇。

④硬币、纸币找零箱外壳。

⑤打印机、显示器。

⑥设备部件支架、挡板。

⑦控制线路板。

⑧设备底部。

(3)清洁硬币找零器。

清洁硬币找零器传感器，做到无明显灰尘。

清理硬币找零器，做到无污垢和杂物遗留。

(4)清洁硬币识别器感应区。

保持硬币通道、投币口、识别器感应区的清洁，无金属污垢或灰尘。

(5)清洁纸币识别器。

把专用清洁纸条浸透清洁液，将纸条面朝上、朝下插入识别器，最少各5次，每台机器平均时间5min。

用保持清洁的防静电刷子，对入口模块、入口栅栏、4个参考面进行预防性清洁，清洁时不可划伤部件。

镜头不用清洁，皮带可适当清洁。使用清洁液后，应让识别器干燥数分钟后再插入纸币。

2. 触摸屏、液晶屏维护

对触摸屏、液晶屏进行清洁。

检测液晶屏功能，无漂移、颜色异常、死机、功能缺损等异常情况，如发现异常情况及时调整或更换。

检测触摸屏功能，无漂移、功能缺损等异常情况，如发现异常情况及时校正或更换。

检查液晶屏接插件是否牢靠，如有松动，及时紧固。

3. 设备检查紧固螺钉

检查以下设备内所有部件紧固螺钉是否松动。如发生螺钉缺损，及时在设备中查找补缺。如无法找到缺损螺钉，则及时更换新螺钉。

①车票处理单元：车票传输部分、票箱升降部分、机构导轨、发票控制板。

②主控单元：接插件、线缆。

③纸币处理单元：纸币识别部分、纸币回收部分。

④硬币处理单元：硬币识别部分、硬币回收部分、硬币找零部分、硬币计数板、找零控制板。

⑤其他:UPS、5V电源、出票口挡板、设备地线、到位(清币)开关、设备门锁等。

4. 用测试代码对设备进行功能性测试

检测以下功能是否正常,符合功能要求,且运行稳定。

①纸币识别模块:通信是否正常,部件复位是否正常,能否正常识别硬币。

②硬币识别模块:通信是否正常,能否正常识别硬币。

③硬币找零模块:通信是否正常,能否正常用硬币找零。

④车票处理模块:通信是否正常,能否进行票箱切换,能否正常发售5张测试票。

⑤检测打印机:有无夹纸、缺墨、缺色带、缺纸、功能破损等情况。

⑥触摸屏校准:做到测试无偏移。

三、半年维护

1. 车票传输机构皮带维护

①传输机构皮带每半年更换一次。

②填写车票传输机构皮带维护损耗表。

2. 纸币识别器维护

①清洁光栅。

②清洁节拍测量器及其皮带。

③检查皮带并更换损耗皮带。

④检查离合器。

⑤收集箱支架添加润滑油。

⑥清洁收集箱接头。

⑦清洁棱镜。

⑧检查滚轴并更换损耗滚轴。

⑨检查锁并调整。

⑩用维修、诊断程序对识别器进行数据更新、初始化,并调整参数到规定的数值,进行功能和识别率检测,要求各币种测试数不少于20张。

3. 硬币识别器定期维护

①拆卸硬币识别器,清洁其内部机构灰尘、污垢。

②清洁识别器传感器。

③检查硬币识别器磨损程度,更换磨损零件。

④重新下载硬币参数。

⑤用试验样本硬币进行投币测试,检测硬币识别器识别性能。

⑥调整硬币识别器参数,要求真币识别率为98%以上。

四、年维护

1. 车票传输机构维护

(1) 车票传输机构损耗部件更换、车票传输机构清洁(拆、装清洁)。

①拆除传动皮带、同步皮带、刮票电机及压轮部件、票箱,并进行机构内部清洁。

②更换车票传输轴承和磨损的压轮、滚轮。

③清洁票箱升降部分托盘、滚轮、把手。

④做到机构内部无污垢和灰尘。

(2) 检查车票传输机械性能。

①检查车票传输部分电机、压轮、滚轮、轴承。

②检查票箱升降部分托盘、滚轮、轴承、把手、弹簧。

③检查传感器、读写器、天线、发票控制板及线缆。

检查以上机械部分转动是否正常,若有异响,及时调整。

④检查及紧固以上车票发售装置部件螺钉、螺帽,使其他紧固件无松动。

⑤检查机械部件是否按要求安装到位,并调校到规定状态。

(3) 车票发售装置测试。

①通过测试程序测试部件性能、电机的转动、光感的通断、限位开关的通断。

②测试票箱自动切换机构切换功能和定位性能。

③通过诊断码发售测试票 30 张无故障,对车票发售装置进行测试,确认、检验其功能。

2. 主控单元(工业级计算机)维护

①清洁主控单元内部,做到无灰尘,硬件无缺损。

②检查、更换损坏 CPU 芯片风扇和主机散热风扇。风扇应运转平稳、无异常响声。

③检测系统操作程序运行是否正常。

④检测应用软件(包括配置文件)运行是否正常。

⑤检测硬盘运转是否正常,不正常时及时调换。

⑥清除无用的累计数据或错误数据,提高系统运行速度。

3. 纸币识别器维护

此维护需要拆卸和重新组装,进行完整性检查,以延长产品的使用寿命。维护内容和程序如下。

①整机拆卸。

②在活动的机械部件添加润滑油。维护内容有:

a. 断开入口感应组件连线。

b. 移去两个通道,并用刷子或清洁布清洁。

c. 使用浸有清洁液的棉签清洁长度光栅。

d. 拆卸入币头,用刷子清洁入口开口处,用清洁布清洁导向圆盘,用棉签清洁快门缝隙。

e. 拆卸轮轴,用浸有清洁液的棉签清洁轮子和皮带。

f. 给轮轴上的轮子注加润滑油(不要喷洒)。

g. 在活塞的轮轴、叉子和齿轮处加润滑脂。

h. 检查并调整活塞到合适的位置。

i. 检查、拧紧所有螺钉。

j. 检查电池电压(在主板上)。

③替换损耗皮带和O形垫圈。

④检查常规磨损件,在需要时更换部件。

⑤清洁并检查主要机械和电气的功能。维护内容和要求为:

a. 打开识别头,吹压缩空气或者使用防静电刷子清除灰尘。

b. 使用浸有清洁液的棉签清洁镜头及其镜面。

c. 使用浸有清洁液的棉签清洁联系上下两部分的左侧、右侧触点。

d. 清洁钱箱触点。

e. 使用刷子或棉签清除入口处灰尘。

f. 在换向器的导向板中吹压缩空气。

g. 操纵入门快门,在入口处由内向外吹入压缩空气。

⑥重新组装。

⑦用维修、诊断程序对识别器进行数据更新、初始化,并调整参数到规定数值,进行功能和识别率检测。

⑧启动检测程序,对识别器进行诊断和测试。

⑨维护纸币回收钱箱。维护内容和要求为:

a. 打开钱箱门。

b. 清洁压钱板的轮轴并注加润滑油。

c. 以棉签清洁外部接触点(注意不要划伤)。

d. 单独检查锁系统。

e. 检查带识别头部分锁系统。

f. 用一台识别头和电脑联机,启动维护、诊断程序,检查钱箱标识代码。

g. 通过读写数据检查内存。

4. 硬币找零器定期维护

①拆卸硬币找零器,清洁其内部机构灰尘、污垢。

②检查硬币找零器机械零件磨损情况,更换磨损零件。

③更换损耗出币转盘、出币控制杆。

④重新组装。

⑤检测硬币找零器功能,要求出币准确,转动灵活,无异常声响。

5.读写器定期维护

每年对读写器进行一次维护、检测。

6.UPS电源定期维护

①检查 UPS 电源按键功能。

②检查前面板指示灯。

③清洁 UPS 电源内部。

④观察所有控制部件和功率部件周围的不良反应(如过热、变色等)。

⑤观察控制部件、功率部件的变色、导线绝缘情况和所有的连线(包括辅助部件)。

⑥检查冷却风扇的运行是否正常。

⑦进行旁路切换检查。

⑧测量 UPS 整流器输入。

⑨测量逆变器输出。

⑩检查电池信息。

⑪检查电池外观。

⑫测试电池浮充。

⑬测试电池容量。

⑭检测监控软件。

自动售票机常见故障及处理　4.3

自动售票机在日常运作中,由于自身系统问题或其他原因会出现一些故障,必须得到有效处理。自动售票机常见故障及处理指南如表 4-2 所示。

自动售票机常见故障及处理指南表　　表 4-2

序号	故障现象	故障分析	故障处理
1	整机不能上电	输入电源故障	用万用表检测 TVM 底部端子盒内输入电源线的电压是否正常
		TVM 电源模块故障	检查端子盒到电源模块的线缆是否松动、是否有断点,若有则更换线缆
			检查电源模块开关状态是否正常,检查电源模块内各部件是否有烧损现象,若有则更换相应部件
2	乘客显示器无显示	TVM 工控机未启动	启动工控机
		显示器电源无电压	检查显示器电源线是否松动,若则重新紧固
			用万用表测量电源线缆是否有断点,若有则更换线缆
		显示器无输入信号	检查显示器信号线缆接口是否松动,检查信号线是否有断裂痕迹,可采用替换法确定信号线是否存在故障
3	维护显示器异常	视频输出设置错误	将鼠标连接在工控机上,在"监视器"菜单中调整为扩展显示器的输出显示设置
		显示器背光灯不亮	检查背光高压板的电源线输入电压是否正常
			检查背光高压板工作是否正常,可采用替换法确定是否存在故障
		显示器输入信号故障	检查工控机到显示器线缆接口是否松动
			可采用替换法确定显示器线缆是否存在故障
		未进入维护界面	检查维护门到位开关是否弹起,如果未弹起则处理维护门到位开关,如果弹起则检查连接线缆和 TVM 综合控制器
		显示器损坏	更换显示器

续上表

序号	故障现象	故障分析	故障处理
4	触摸屏按压无反应	驱动程序卡死	重新启动 TVM 工控机
		触摸屏至工控机 USB 线缆故障	检查 USB 接口是否松动
			检查 USB 线缆是否存在断点
5	触摸屏虚拟鼠标"对角化"或虚拟鼠标不准	插拔触摸屏 USB 接口或未插回原 USB 接口	运行触摸屏校准软件重新进行校准,必要时可接入鼠标辅助操作
6	设备异常报警	后维护门门控开关损坏,登录超时	检查后维护门门控开关状态,若损坏则更换损坏的门控开关
			检查维护门开关到综合控制器之间的连接线缆是否存在短接
		综合控制器故障	更换综合控制器控制板或者 I/O 板
7	只能充值(发卡模块不能发售单程票)	发卡模块故障,机头卡票	调节票箱出票票面高度,即调节发卡机头上双 U 传感器的高度。调整过程为:首先将 3 个螺钉中间的较大螺钉松开,然后调节旁边两个小螺钉来控制传感器架的高度,高度控制在丝杠上升停止后,票面高出票箱出口沿并低于两侧票箱沿,大约高出票箱出口沿 2~3 张票的高度,调节完成后将中间较大的螺钉拧紧,测试出票正常即可
			发卡机头上齿形同步带松动或者皮带齿磨平,如果松动则调整,如果皮带齿磨平则更换齿形皮带
			检查卡票位置的传送带是否松动,若有松动或者张力不均则更换传送带
		发卡模块故障,传输通道卡票	利用测试指令检查发卡模块维护面板数码管显示的传感器状态,并检查相应传感器是否存在松动虚连情况,若有则更换并紧固
			利用测试命令检查各电机能否正常动作,若存在故障电机,则进一步检查电机电源线是否断裂或电机是否烧坏
		发卡模块故障,票箱故障	检查票箱托盘能否正常上升或下降,若确定丝杠可动,票箱托盘不动,则更换票箱,并对票箱进行维修
			检查票箱内票卡是否存在粘连现象,若有则将粘连票卡取出
			利用测试命令检查对应票箱到位及票箱满传感器是否存在故障。若有则进行处理
		发卡模块控制板故障或 I/O 板故障	采用替换法确定是否为控制板或 I/O 板故障,若是则更换

续上表

序号	故障现象	故障分析	故障处理
7	只能充值(发卡模块不能发售单程票)	发卡模块故障,串口线故障	检查串口线接口是否松动
			检查串口线是否存在断路
		售票软件车票计数错误	检查运营统计中票箱中票卡数量与实际是否相符
		票卡状态故障	检查票箱内票卡状态是否为回收或未售状态,若为其他则更换所售票卡
		单程票天线板故障	放一张可读取信息的票卡于天线板上方,在维护软件中选择读取票卡信息,观察能否读取,若不能读取则检查天线板处线缆接口是否松动
			可采用替换法确定是否为天线板故障,若是则更换天线板
8	暂不能使用硬币 TVM显示"只收纸币"故障处理	鉴币器入口处卡硬币	通过维护程序执行排除卡币命令将硬币导出
		鉴币器内卡硬币	首先通过维护程序执行排除卡币命令将硬币导出
			若不能将硬币导出则将鉴币器取下,将其中硬币取出
		缓存器故障(CN=141)	让硬币模块进行自检,观察是否报缓存故障代码,通过维护程序中测试命令,让缓存器进行动作,观察其动作状态,若不能动作则检查电机电源是否正常、暂存器是否存在机械卡死
			若暂存器能动作,则观察其动作是否到位,观察传感器在硬币模块I/O板上相对应的指示灯是否正常显示,若存在传感器故障,则进一步检测是传感器故障还是相应线缆故障
		分币漏斗故障	让硬币模块进行自检,观察是否报分币漏斗故障代码,通过维护程序中测试命令,让分币漏斗进行动作,检查分币漏斗动作状态,若不能动作则检查分币漏斗电机及电源是否正常,分币漏斗是否被机械卡死
			若分币漏斗能动作,则观察其动作是否到位,观察传感器在硬币模块I/O板上相对应的指示灯是否正常,若存在传感器故障,则进一步检测是传感器故障还是相应线缆故障
9	少找零	分币漏斗缝隙过大	调整分币漏斗与底部平面之间的缝隙,通过调节分币漏斗上托盘支柱固定螺钉和支柱来调整分币漏斗的高度,以5角硬币为标准,最大缝隙小于5角硬币厚度即可

续上表

序号	故障现象	故障分析	故障处理
9	少找零	分币漏斗摆动不到位	调整分币漏斗3个位置传感器的位置,首先将传感器固定螺钉松开,然后根据设备情况调整传感器的位置,从而调整分币漏斗摆动的位置,当调整好位置后再将传感器固定
		循环Hopper故障	打开循环Hopper检查其内部硬币数量是否与售票软件中计数一致,若不一致则请站务人员对循环Hopper进行单独盘点
			若计数一致则进行找零测试,观察能否准确找零,若找零不准则更换循环Hopper,若无动作则检查循环Hopper供电电源是否正常,同时可采用替换法确定循环Hopper电机是否出现故障
		备用Hopper故障	检查备用Hopper内硬币数量是否与软件计数一致,若不一致则重新装填硬币
			检查硬币模块是否报相关错误代码,若有则检查相应故障点
			进行找零测试,听导币链动作是否有异响,如果有则此备用Hopper导币链脱轨,需将备用Hopper打开复位(注:需将硬币取出)
			测试无动作,则可采取将5角Hopper与1元Hopper互换来检测是否是电源问题,若互换后故障Hopper依然无动作,将Hopper打开,检查出币口传感器是否被异物遮挡
10	暂不能使用纸币	入钞器内卡纸币(NT= -3)	拔下入钞器电源,打开入钞器检查内部是否有纸币卡住,逆时针转动绿色转轮,观察传送带上是否有纸币导出
			入钞器内部无纸币或纸币已取出,则退出售票软件,在服务管理中重启"BNA572"服务,利用"Support Tool"软件进行复位。若复位不成功,则根据返回故障代码判断故障点,再进一步采取处理措施。退币口卡残币可利用数张较新纸币沿传动带导出,将残币带出。压钞口卡纸币时将钱箱取下,从下面将卡币取出
			频繁出现NT= -3,则检查退币口O形皮带是否松弛、脱落
			入钞器缓存器卡纸币,转动缓存器滚轮,将卡纸币取出
		设备停止运营期间更换钱箱,报NT=84	用"Support Tool"软件复位入钞器

续上表

序号	故障现象	故障分析	故障处理
10	暂不能使用纸币	入钞器主板保险丝烧坏,报 NT=401	断开入钞器电源,更换入钞器主板保险丝
		入钞器与工控机串口线故障,报 NT=402	检查串口线接口是否松动,可采用替换法确定是否为串口线故障
	不接收纸币的某一面	接收到假币	利用"Support Tool"软件进行复位,执行"SET DEF RM×××"。"×××"为对应纸币对应面的代码。
		鉴币光头被遮挡	检查鉴币光头是否被遮挡或者光头上是否存在钱角
11	打印机不打印小票(包括测试)	打印机电源D06或打印机控制板电源线故障	复位打印机,观察其指示灯状态并检查线缆接口是否存在松动、虚连
			测量打印机电源线缆电压是否为+5V、+24V
		打印机串口线断路	检查串口线各接口是否有松动、虚连
			用万用表检查串口线缆内各线是否有断路故障,若有则更换串口线
		打印机控制板故障	检查打印机状态指示灯是否正常,尝试复位打印机,若不成功则更换打印机控制板

自我测试与评价

一、判断题

(　　)1. 自动售票机位于车站非付费区,乘客可以自助购买地铁单程票和对储值票进行充值。

(　　)2. 当车站系统网络或车站计算机发生故障时,自动售票机将自动转入单机独立运营状态,单机独立运营时,自动售票机具有除与车站计算机系统联网以外的部分功能。

(　　)3. 进入紧急状态时,如果自动售票机正在执行一笔售票交易,则在该交易取消后自动转入暂停服务状态。

(　　)4. 关闭服务状态时,自动售票机不响应用户在乘客显示器上的任何操作,但仍处于与车站计算机系统的通信连接状态。

(　　)5. 如果连续出现车票检查/校验错误的次数达到参数设置次数,设备关闭服务并报告车站计算机系统,并向乘客返还已投入的钱币。

二、填空题

1. 自动售票机是用于现场自助发售、赋值有效车票,具备自动处理(　　)和找零功能的设备。

2.自动售票机的工作状态主要有运营状态、暂停服务状态、关闭服务状态、(　　)、维护状态。

3.运营状态存在联网运营和单机独立运营两种情况,在这两种情况下,运营状态通常可分为正常模式、找零/无找零模式、只收(　　)、只收纸币模式。

4.如果有效性检查及校验失败,车票被送到(　　),同时设备尝试再次发售车票。

5.自动售票机可通过(　　)设置为允许找零或禁止找零模式。

6.当自动售票机的找零钱币存量低于设定值或找零装置出现故障时,自动售票机将自动进入(　　)模式。

7.自动售票机只接收硬币且拒收纸币时,纸币(　　)始终关闭,并在运营状态显示器上显示本机只收硬币。

8.纸币处理模块收到接收纸币指令,纸币入口处绿色指示灯亮,提示(　　)工作正常,可以插入纸币。

9.单程票发售模块可以根据(　　)的命令从指定的票箱中取出车票进行发售处理。

三、选择题

1.当出现纸币接收机发生故障、纸币钱箱满或被损坏、纸币钱箱不在位且储值票单元发生故障等情况时,自动售票机将自动转为只收(　　)模式。

A.硬币　　　　B.纸币　　　　C.储值票　　　　D.银行卡

2.在硬币机发生故障、硬币钱箱满或被损坏、硬币钱箱不在位且储值票单元发生故障等情况下,自动售票机将自动转为只收(　　)模式。

A.硬币　　　　B.纸币　　　　C.储值票　　　　D.银行卡

3.导致自动售票机无法继续服务的故障主要包括(　　)发生故障、两个票箱同时不在位或两个票箱皆空、主机与主要工作模块无法通信、参数文件丢失等。

A.硬币机构　　　　　　　　B.纸币机构
C.发票机构　　　　　　　　D.回收机构

4.在正常运营模式下,自动售票机自动完成供票、赋值及出票的处理过程,并在车票赋值前进行车票的有效性检查,在对车票赋值后对所写数据进行(　　)。

A.存储　　　　B.备份　　　　C.分析　　　　D.校验

5.找零装置中纸币与硬币的最少存币量可通过(　　)进行设置。

A.自动　　　　　　　　B.手动
C.系统参数　　　　　　D.交易信息

四、简答题

自动售票机的储值票处理功能是如何实现的?

项目4 自动售票机　　技能单元4.3　自动售票机常见故障及处理

实训训练

自动售票机常见故障分析及解决方法

根据表 4-3 给出的故障现象，分析故障原因，列出检测及解决方法。

自动售票机常见故障分析及解决方法　　　　　　　表 4-3

序号	故 障 现 象	故 障 分 析	检测及解决方法
1	维护显示器异常		
2	触摸屏按压无反应		
3	设备异常报警		
4	暂不能使用硬币		
5	少找零		
6	暂不能使用纸币		

项目5

半自动售票机

◎ 项目导入

半自动售票技术是由人工主导、设备辅助完成售票功能的。半自动售票技术在票卡处理（如退票、补票）、人性化服务、现金安全、自动出票等技术实现方面更趋多样性和复杂性，是自动售票技术无法替代的。

知识结构要求

1. 掌握半自动售票机设备构成。
2. 掌握半自动售票机的操作及故障处理方法。

职业能力要求

1. 能够进行半自动售票机的操作与维护。
2. 能够进行半自动售票机的故障检测及处理。

知识准备

理论单元

5.1 半自动售票机总述

半自动售票机(Booking Office Machine,BOM)是用于现场人工辅助发售、赋值有效车票,具备补票、退票、查询、更新等票务处理功能的设备。其安装在非付费区与付费区之间的售票亭和补票亭内,由票务工作人员操作。人工处理乘客购买单程票、储值票、单程票补票、验票、储值票充值等业务。半自动售票机外观如图 5-1 所示。

半自动售票机将现金和车票处理信息内容显示在显示器上,以便运营人员充分阅览,并且运营人员在处理车票和现金时,乘客显示器上显示所需的车票和现金信息。

在乘客信息显示的人性化方面,采用 15 英寸标准液晶显示器,提高了乘客信息显示的多样化以及直观性,同时乘客显示器分别设在付费区和非付费区,不同的业务信息在不同的乘客显示器显示。半自动售票机设有对讲装置,便于票务工作人员与乘客进行交流。

半自动售票机是 AFC 系统中除车站计算机外仅有的需要人工参与的终端设备,也是工作量最大、需要处理异常票卡最多的终端设备。

半自动售票机的票卡读写器模块与工控机采用串行 RS-232 通信端口连接,票据打印机采用并口与工控机连接。当读写器模块轮询到有单程票卡或储值票卡后,将数据读出,并根据图形界面的操作业务处理完成相应的功能后将数据写入票卡,并打印收据,完成一次业务操作。票卡读写器外观如图 5-2 所示。

■ 图 5-1
半自动售票机外观图

■ 图 5-2
票卡读写器外观图

半自动售票机通过以太网与车站计算机系统相连并进行数据交换。

半自动售票机的功能　5.2

半自动售票机的功能如下：

①半自动售票机由票务工作人员操作，发售单程票、储值票、往返票、福利票、出站票等车票，对储值票进行充值，对单程票和储值票进行验票分析。能检验、分析有疑问的车票，解决票务纠纷。

②对超时和超程的单程票进行补票，对金额不足的储值票进行出站补票。

③设有中英文显示的显示器，向乘客显示车票和验票信息。

④操作员需输入用户 ID、密码等信息，经确认后方可进入交互界面。交接班时，需通过交接确认操作，方可重新进入交互界面。

⑤具有钱箱和票箱管理功能，具有自动检测、自动诊断故障的功能，并发出故障报警。

⑥具有操作记录和统计功能，并向车站计算机系统传送所有数据，每 2s（可由参数设定）向车站计算机系统发送状态信息。

⑦当与车站计算机系统通信中断时，半自动售票机能离线工作（除储值票充值外），其硬盘容量能存储至少 7 天的交易数据量，并可采用外部储存媒介与车站计算机系统交换信息；当通信复原后，系统需通知操作员，操作员可通过车站计算机系统或半自动售票机决定是否进行实时数据传送，或稍后才进行数据同步，在数据同步过程中，半自动售票机及车站计算机系统能保证所有数据在同步后齐全、完整且不会因数据重复而导致以后数据处理错误。

⑧系统可根据其安装位置的不同，设置不同的操作模式，整合不同的系统功能。考虑设备的互换性，每台半自动售票机具有相同的功能及配套设施或设备，但操作模式可通过参数来进行设置，设置为允许使用或禁止使用。

半自动售票机设备构成　5.3

半自动售票机主要由主控单元、操作员显示器、乘客显示器、单程票发售模块、票据打印机、钱箱等模块构成。半自动售票机设备构成如表5-1所示。

半自动售票机设备构成　　表5-1

序号	模块名称	说　　明
1	主控单元	低功耗工业控制计算机
2	操作员显示器	售票,异常处理操作界面
3	乘客显示器	用于为乘客提示各种信息,可以动态显示信息
4	单程票发售模块	2个储票箱、1个废票回收箱
5	票据打印机	点阵单据打印机
6	钱箱	储存接收的硬币和纸币,带电磁锁,可自动弹开
7	对话装置	与乘客进行对话的对讲装置
8	电源模块	为BOM内的模块提供稳定的直流电源

半自动售票机的单程票发售模块和自动售票机的单程票发售模块的组成和结构相同,如图5-3所示。

半自动售票机概述

a)右侧面

b)左侧面

■ 图5-3
单程票发售模块

任务实践

半自动售票机的操作 5.1

一、用户登录

BOM 系统的启动过程如下。

①双击位于桌面的 BOM 系统启动程序,启动 BOM 系统。系统将进入登录界面,如图 5-4 所示。

■ 图 5-4
BOM 登录界面

②在登录界面,输入用户 ID 和密码,即可进入用户操作主界面,如图 5-5 所示,主界面默认为售单程票操作界面。

③登录完毕,用户可以通过界面左侧的功能按钮来选择使用某项功能。

二、售单程票

①在主界面,用户依次按下"售票""单程票"按钮,则可以进行单程票的出售。

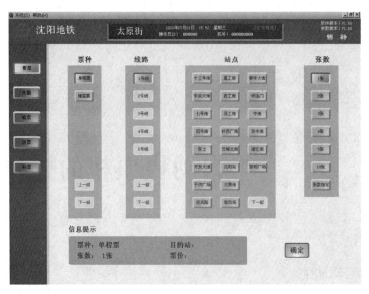

■ 图 5-5
BOM 主界面

②用户在"站点"栏选择目的站点,在"张数"栏选择出售的张数,如图 5-6 所示。

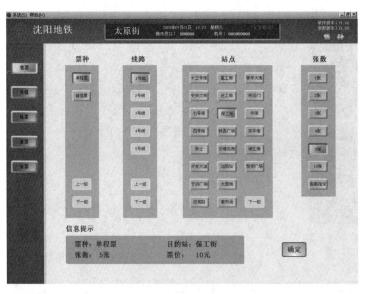

■ 图 5-6
出售单程票

③用户也可以通过单击"张数指定"来手动输入购票张数,如图 5-7 所示。

④确定了目的站点和购买的张数后,用户依次将票卡放在 BOM 的读写卡器上,在界面上点击右下角的"确定"按钮,即可开始进行售票。

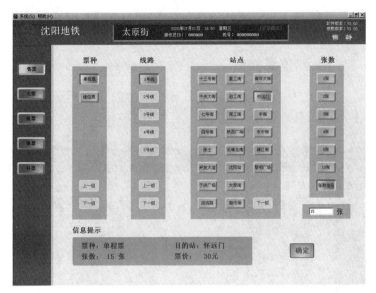

■ 图 5-7
手动输入张数

三、售储值票

①用户依次按下"售票""储值票"按钮,则可以进行储值票的出售,如图 5-8 所示。

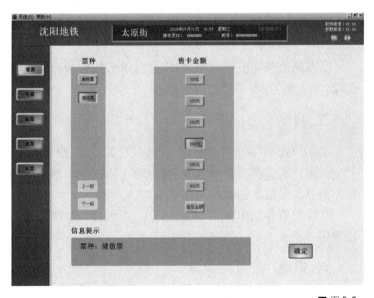

■ 图 5-8
出售储值票

②和单程票的出售方式相同,用户也可以通过单击"张数指定"来手动输入购票张数。

③确定了目的站点和购买的张数后,用户将待售的储值票放在 BOM 的读写卡器上,在界面上点击右下角的"确定"按钮,即可开始进行售票。

四、储值票充值

①用户将需要充值的储值票放在 BOM 的读写卡器上,然后按下"充值"按钮,则可以进行储值票的充值,如图 5-9 所示。

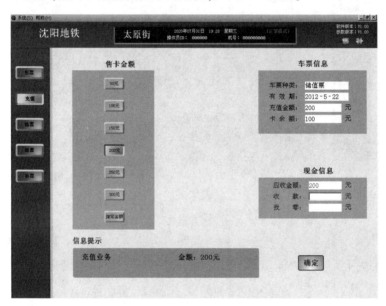

■ 图 5-9
储值票充值界面

②在储值票充值界面中,用户可以单击按钮来确定充值金额,也可以单击"指定金额"按钮手动输入金额。

五、验票

①用户按下"验票"按钮,即可进入验票界面,如图 5-10 所示。
②用户将需要验票的票卡放在 BOM 的读写卡器上,屏幕上显示票卡的相关信息。储值票的验票信息如图 5-11 所示。
③在验票界面中,用户点击"打印"即可打印验票信息,点击"关闭"可退出验票界面。

六、退票

①用户将需要退票的票卡放在 BOM 读写卡器上,按下"退票"按钮,即可进入退票界面进行退票操作,如图 5-12 所示。
②用户选择了相应的选项后,单击退票界面内的"退票"按钮即可完成退票操作。

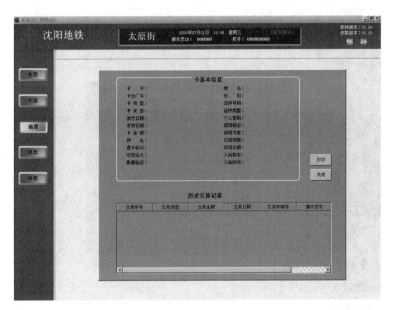

■ 图 5-10
验票界面

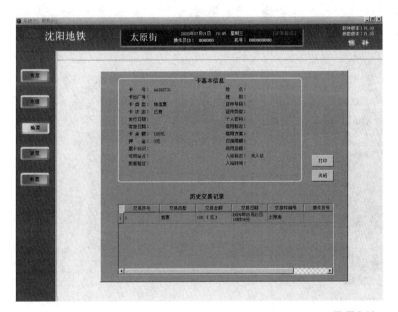

■ 图 5-11
储值票验票信息

七、补票

①用户单击"补票"按钮,即可进入补票界面,如图 5-13 所示。

②用户选择补票方式,并根据运营规则判断应收金额,然后点击补票界面内的"补票"按钮,即可完成补票操作。

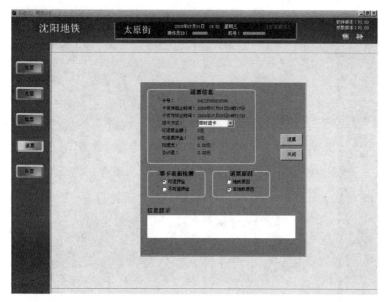

■ 图 5-12

退票界面

■ 图 5-13

补票界面

半自动售票机操作

半自动售票机的维护 5.2

定期维护可有效地延长BOM设备的使用寿命,提高其工作效率。要针对设备的运行情况,有计划地实施日常维护、月维护、年维护。日常维护主要是保持设备每日运行的稳定性和票卡处理的准确性,月维护主要是保持设备组件及内部的清洁和各组件运转的稳定性,年维护主要是对设备进行性能检测和更新旧损部件。

【警告】对设备进行内部清洁、润滑、组件拆下检查及维护时,应先切断设备电源。未切断电源可能导致人身伤害或设备损伤。

一、日常维护

维护人员应根据要求认真填写维护记录。半自动售票机的日常维护内容如下。

1. 设备外部清洁

设备外部清洁包括对工控机主机、读写器、打印机、操作显示屏、乘客显示器、键盘、鼠标等的清洁。清洁时不得使用溶剂,表面不得残留灰尘、污物、纸屑等。

乘客显示器和操作显示屏应用柔软的干布清洁。

2. 设备状态检查

检查设备和部件的指示灯是否正常显示。如发现无显示或显示异常,及时处理。

操作显示屏、乘客显示器的屏幕显示均应亮度适中,无笔画缺损、漂移、抖晃、色差、功能缺失等现象。如发现异常情况,及时更换或调节。

二、月维护

根据设备的维护要求,每月进行如下维护。

1. 清洁保养

对票卡发售机构内部进行清洁,做到内部机械结构部件、支架、控制线路板、机箱底部及四周无明显灰尘。

用专用清洁用品清洁键盘、鼠标,如有必要,应清洁鼠标滚轮。

2. 打印机维护

对打印机外部、内部进行清洁,做到无灰尘、污垢和其他残留物。检测打印机功能,有无夹纸、缺墨、缺色带、缺纸、功能缺损等异常情况,如有问题及时调整或更换。

3. 检查电缆连接、紧固件、接插件

①检查设备内所有部件紧固螺钉是否松动。如发现螺钉、紧固件缺损,及时补缺。电缆和接插件应连接正确,紧固到位。

②检查车票传输机构机械装置(包括车票传输部分、票箱升降部分、机构导轨、发票控制板)。

4. 对设备进行功能测试和检查

功能测试和检查的内容和要求如下:

①检查乘客显示器,做到无笔画缺损,字符显示正常。

②主机 UPS 的通信应正常。

③用单程票和储值票对读写器进行检测,做到反应速度正常,读卡距离大于 6cm。

④键盘、鼠标操作正常、灵活。

⑤主机通信连接正常,发声装置提示声音正常。

⑥发售测试票 30 张无故障,车票发售装置动作灵活、准确,功能正常。通过测试程序测试部件性能、电机的转动、光电传感器的通断、限位开关的通断。

如发现以上模块功能缺损,应及时调整或更换,严禁故障滞留。

三、年维护(预防性维护)

1. 主控单元(工控机)维护

每年对主控单元进行一次年度维护,维护内容和要求如下:

①打开主控单元,对单元内部进行清洁,做到机箱、主板、电源盒、风扇、扩展卡等部件无灰尘,硬件无损伤。

②检查 CPU 芯片风扇和主机散热风扇。风扇应运转平稳,无异常响声。接插件连接牢靠、紧固。每两年更换一次主板锂电池。

③对硬盘、内存、存储卡等进行性能检测,运行不正常的及时更换。

④进行操作系统软件和应用程序(包括配置文件)测试,检查运行状态是否正常、稳定。

⑤清除无用的累积数据或错误数据,提高系统运行速度。

2. 触摸屏、液晶屏维护

每年对触摸屏、液晶屏进行一次维护,维护内容和要求如下:

①对液晶屏、触摸屏内部和四周进行清洁,做到无灰尘、污迹。

②检测液晶屏功能,确保无漂移、颜色异常、死机、功能缺损等异常情况。如发现异常情况,及时调整或更换。

③检测触摸屏功能,启动触摸屏调试程序,进行位置和灵敏度校准。发

现异常情况或性能下降，及时调整或更换。

④对液晶屏、触摸屏内部部件和接插件进行检查，使其紧固。

3.车票发售机构维护

每年按规定对车票发售机构进行维护，维护内容和要求如下：

①对车票发售机构进行内部清洁、部件和机械零件拆卸，做到机构内部无污垢和灰尘。

②检查出票和传动机械部件性能和磨损情况，对压轮、轴承、弹簧、继电器、传感器等零件进行拆洗、注加润滑油，对皮带、橡胶件等磨损件进行更换。

③检查及紧固机构、机械部件的螺钉、螺帽和其他紧固件，按要求对部件进行组装，检查是否按要求安装到位，并调校到规定状态。

④通过诊断测试程序连续发售测试票 30 张无故障，对车票发售机构进行测试，确认、检验设备功能。

4.读写器检测

每年对读写器进行一次维护、检测，内容和要求如下：

①拆卸读写器，清洁其内部机构灰尘、污垢。连接读写器，测试读写器读写功能。

②用标准测试卡检测读写器感应场强（电压），调节读写器元件参数，使读写器发送（接收）信号达到要求。

③用测试卡（含单程票、储值票）连续进行 30 张车票测试，在最大感应距离内读写器能正确进行读写。

5.UPS 维护

每年对 UPS 进行一次维护，维护内容包括清洁，电池充、放电试验，部件检测，功能检查、测试等。

半自动售票机常见故障及处理 5.3

半自动售票机在日常运作中,由于自身系统问题或其他原因会出现一些故障,必须得到有效处理。半自动售票机常见故障及处理指南如表 5-2 所示。

半自动售票机常见故障及处理指南表　　表 5-2

序号	故障现象	故障分析	故障处理
1	发卡机构无法上电	发卡机构电源保险丝损坏	打开发卡机构电源插座,查看熔断器是否损坏,如果损坏,则更换新的熔断器;如果没有损坏,则查看发卡机构内部的电源部分是否有线路松动和损坏的地方
		发卡机构电源线松脱	插牢发卡机构电源线
		发卡机构电源线损坏	更换发卡机构电源线
		BOM 整机电源箱损坏	更换 BOM 整机电源箱
		发卡机构电源箱损坏	更换发卡机构电源箱
		设备有短路现象并导致电源箱内漏电保护开关跳闸	检查并修复短路故障,确保无问题后合上漏电保护开关
2	发卡机构能上电,发送出票命令无反应	接线错误	按接线图要求正确接线
		AFC 系统软件串口配置与实际连接的出卡机构串口不符	正确配置 AFC 系统串口
		发卡机构串口通信线松脱	插牢串口通信线
		AFC 系统软件损坏	重装 AFC 系统软件
		方卡发售模块损坏	修复或更换方卡发售模块
		暂停按键被按下	按一下暂停按键,解除暂停
3	发卡机构不出票 BOM 无法发售单程票故障处理	发卡模块故障,机头卡票	调节票箱出票票面高度,即调节发卡机头上双 U 传感器的高度。调整过程为:首先将 3 个螺钉中间的较大螺钉松开,然后调节旁边的 2 个小螺钉来控制传感器架的高度,高度控制在丝杠上升停止后,票面高出票箱出口沿并低于两侧票箱沿,大约高出票箱出口沿 2~3 张票的高度,调节完成后将中间较大的螺钉拧紧,测试出票是否正常即可
			发卡机头上齿形同步带松动或者皮带齿磨平,更换齿形皮带

续上表

序号	故障现象	故障分析	故障处理
3	发卡机构不出票	发卡模块故障,传输通道卡票	检查卡票位置的传送带是否松动,若有松动或者张力不均则更换传送带
			利用测试指令检查数码管显示的传感器状态,并触碰相应传感器观察是否存在松动、虚连情况,若有则更换并紧固
			利用测试命令检查各电机能否正常动作,若电机存在故障,则进一步检查电机电源线是否断裂或电机是否烧坏
		发卡模块故障,票箱故障	检查票箱托盘能否正常上升或下降,若确定丝杠可动,票箱托盘不动,则更换票箱,并对票箱进行维修
			检查票箱内票卡是否存在粘连现象,若有则将粘连票卡取出
			利用测试命令显示对应票箱到位及票箱满传感器状态,并检查相应传感器是否存在故障
		发卡模块控制板故障或 I/O 板故障	采用替换法确定是否为控制板故障,若是则更换
			采用替换法确定是否为 I/O 板故障,若是则更换
		发卡模块故障,串口线故障	检查串口线接口是否松动
			检查串口线是否存在断点
		售票软件车票计数输入错误	检查运营统计中票箱中票卡数量与实际是否相符
		票卡状态故障	检查票箱内票卡状态是否为回收或未售状态,若为其他则更换所售票卡
		单程票天线板故障	放一张可读取信息的票卡于天线板上方,在维护软件中选择读取票卡信息,观察能否读取,若不能读取则检查天线板处线缆接口是否松动
			可采用替换法确定是否为天线板故障,若是则更换天线板
4	能出票,但票卡读写信息出错或无法读写卡	通用 IC 卡读写模块与读写天线板之间的连线松脱	插牢线缆
		读写模块底层软件损坏	重新下载或更新读写模块底层软件
		AFC 系统软件损坏	重装 AFC 系统软件
		AFC 系统软件串口配置与实际连接的读写器串口不符	正确配置 AFC 系统串口
		通用 IC 卡读写模块损坏	更换通用 IC 卡读写模块

自我测试与评价

一、判断题

(　　)1. 半自动售票机是用于现场自助发售、赋值有效车票,具备补票、退票、查询、更新等票务处理功能的设备。

(　　)2. 半自动售票机安装在售票亭和补票亭内,由票务工作人员操作。

(　　)3. 半自动售票机的乘客显示器分别设在付费区和非付费区,不同的业务信息在不同的乘客显示器显示。

(　　)4. 半自动售票机可根据其安装位置的不同,设置相同的操作模式,整合不同的系统功能。

(　　)5. 考虑设备的互换性,每台半自动售票机具有不同的功能及配套设施或设备,但操作模式可通过参数来进行设置,设置为允许使用或禁止使用。

二、填空题

1. 半自动售票机设有(　　)便于票务工作人员与乘客进行交流。

2. 半自动售票机是 AFC 系统中除(　　)外仅有需要人工参与的终端设备。

3. 半自动售票机安装在非付费区与(　　)之间,人工处理乘客购买单程票、储值票,单程票补票、验票,储值票充值等业务。

4. 半自动售票机具有(　　)和票箱管理功能,具有自动检测、自动诊断故障的功能,并发出故障报警。

5. 半自动售票机具有操作记录和(　　)功能,并向车站计算机系统传送所有数据,每2s向车站计算机系统发送状态信息。

三、选择题

1. 半自动售票机是工作量最大、需要处理(　　)最多的终端设备。
   A. 单程票　　　　B. 储值票　　　　C. 异常票卡　　　　D. 纪念票

2. 半自动售票机的票卡读写器模块与工控机采用(　　)通信端口连接。
   A. 串行 RS-232　　　　　　B. 串行 RS-422
   C. 以太网　　　　　　　　D. 并口

3. 半自动售票机的票据打印机采用(　　)与工控机连接。
   A. 串行 RS-232　　　　　　B. 串行 RS-422
   C. 以太网　　　　　　　　D. 并口

4. 半自动售票机通过(　　)与车站计算机系统相连并进行数据交换。
   A. 串行 RS-232　　　　　　B. 串行 RS-422
   C. 以太网　　　　　　　　D. 并口

5. 当与车站计算机系统通信中断时,半自动售票机能离线工作(除储值票充值外),其硬盘容量能存储至少(　　)天的交易数据量。
   A. 9　　　　　　B. 7　　　　　　C. 5　　　　　　D. 3

四、简答题

简述半自动售票机的票卡读写器模块与工控机是如何通信的,以及其工作原理。

半自动售票机常见故障分析及解决方法

根据表 5-3 给出的故障现象,分析故障原因,列出检测及解决方法。

半自动售票机常见故障分析及解决方法　　　　　表 5-3

序号	故 障 现 象	故 障 分 析	检测及解决方法
1	发卡机构无法上电		
2	发卡机构能上电,发送出票命令无反应		
3	发卡机构不出票		
4	能出票,但票卡读写信息出错或无法读写卡		

项目6

自动验票机

◎ 项目导入

自动验票机能提供在地铁内使用的所有车票的自助查询服务。乘客可以自助查看车票的信息及有效性。查询过程仅读取票卡信息,不会修改车票上的任何数据。

知识结构要求

1. 掌握自动验票机的设备构成和功能。
2. 掌握自动验票机的操作及故障处理方法。

职业能力要求

1. 能够进行自动验票机的操作与维护。
2. 能够进行自动验票机的故障检测及处理。

知识准备

理论单元

自动验票机总述　6.1

自动验票机（Ticket Checking Machine，TCM），设置于车站非付费区，采用联网方式，用于乘客自助查询车票的有效性以及车票内记录的历史交易信息。信息包括票种、购票时间、进站时间、出站时间、进站地点、出站地点、扣费金额、剩余金额、有效期等。每笔交易信息逐条显示。

自动验票机还能显示乘客服务信息，包括 AFC 系统介绍、AFC 系统使用指南、其他公告信息等，该信息可作为系统参数由车站计算机系统下载到设备中。自动验票机外观如图 6-1 所示。

■ 图 6-1
自动验票机外观图

自动验票机的主要特点如下。
①造型美观，机身小巧，超薄设计。
②配有红外防爆触摸屏，防止恶意破坏，保护液晶显示器。
③采用专用触摸液晶显示器，符合人体工程学原理，长时间使用不易疲劳。
④内部模块化设计，维护方便。

自动验票机的功能 6.2

自动验票机的功能如下。

(1) 自动验票机负责对储值票进行验票,具有引导乘客验票的操作提示。

(2) 自动验票机提供方便乘客和操作员操作的有效信息,具有乘客显示器等部件。

(3) 乘客显示器安装在自动验票机前面板乘客能够操作范围内,用于显示有关验票的操作信息。乘客显示器能显示中、英文两种文字,可通过语言选择按钮进行切换。

(4) 乘客显示器显示车票的有效性、车票类别、票内金额及有效期等信息,同时根据需要显示最近 8 次的交易记录。若车票无效,乘客显示器显示无效信息,要求乘客到半自动售(补)票机上作进一步处理。

(5) 乘客显示器以文字及数字方式显示,包括字体、字形、颜色、图案或信息用词等,可通过参数或利用系统文件设定,而不需更改软件编码。

(6) 乘客显示器还用于显示有关操作信息,而且具有自诊断功能,并输出报警信号。在设备故障、关闭或暂停服务时能显示相关信息。

(7) 当工作人员打开自动验票机维修门时,需输入其身份识别码和操作密码,否则在车站计算机系统和自动验票机上会产生声响等报警信息。

(8) 自动验票机除了向车站计算机系统上传运行状态、报警外,还对所有数据分类进行日志记录。自动验票机提供简单菜单,供维护人员就地查阅日志记录(由于设备显示有限,可只显示每项日志记录中的重要数据)及进行其他参数或密码输入。所有数据可在自动验票机储存 7 天。数据保存 7 天后,自动验票机可自行删除最早一天的数据。所有日志记录的数据均不能修改。

(9) 自动验票机具有保存和上传给车站计算机系统处理数据的能力。在通信中断时,自动验票机具有单机工作能力,能维持正常功能。自动验票机能保存交易数据不少于 7 天。当通信复原后,系统通知操作员,操作员可通过车站计算机系统或自动验票机决定是否进行实时数据传送,或稍后才进行数据同步;在数据同步过程中,自动验票机及车站计算机系统保证所有数据在同步后齐全、完整,不会由数据重复导致以后数据处理错误。

自动验票机设备构成 6.3

自动验票机主要由主控单元、乘客显示器、读写器等模块构成。自动验票机设备构成如表6-1所示。

自动验票机设备构成　　　　表6-1

序号	模块名称	说　　　明
1	主控单元	低功耗工业控制计算机
2	乘客显示器	用于为乘客提示各种信息,可以动态显示信息
3	读写器	读取票卡信息

 知识拓展

非接触式 IC 卡

非接触式 IC 卡又称射频卡,它将一个射频接口电路和感应天线集成到原有 IC 卡芯片中,并封装到塑料材质内,使芯片及天线无任何外露部分。它成功地将射频识别技术和 IC 卡技术结合起来,通过无线方式传输能量和数据,解决了无源(卡中无电源)和免接触的难题,是电子器件领域的一大突破。

非接触式 IC 卡在一定距离范围(通常为 5~10mm)靠近读写器表面,通过无线电波的传递来完成数据的读写操作。非接触式 IC 卡本身是无电源的,当读写器对卡进行读写操作时,读写器发出的信号由两部分叠加组成:一部分是电源信号,该信号被卡线圈接收后,通过有关电路产生一个瞬间能量以供芯片工作;另一部分则是指令和数据信号,指挥芯片完成数据的读取、修改、存储等,并将信号返回给读写器。

非接触式 IC 卡内部分为系统区(CDF)、用户区(ADF)两部分。系统区是供卡片制造商、系统开发商和发卡机构使用的区域,用户区则用于存放持卡人的有关数据信息。

由非接触式 IC 卡形成的读写系统,无论是硬件结构,还是操作过程都得到了很大程度的简化,同时借助先进的管理软件、可脱机操作方式,使得数据读写过程更为简单。

非接触式 IC 卡不但具有原有 IC 卡的存储容量大、安全性高、应用范围广(一卡多用)、对网络要求低的特点,还具有可靠性更高、可并行处理、操作简单等优点。非接触式IC卡的这些优点,使得它特别适用于公路自动收费系统、公共交通自动售检票系统、电子钱包等应用环境。随着制造成本的降低、封装形式的多样化,其应用范围也越来越广。

1. 分类

根据非接触式IC卡操作时与读写器发射表面距离的不同,定义了三种卡以及相应的读写器,如表6-2所示。

表6-2 非接触式IC卡、读写器及其对应的国际标准

非接触式IC卡	读写器	国际标准	读写距离
CICC(密耦合卡)	CCD	ISO/IEC 10536	紧靠
PICC(近耦合卡)	PCD	ISO/IEC 14443	<10cm
VICC(疏耦合卡)	VCD	ISO/IEC 15693	<50cm

2. 结构

非接触式IC卡由集成电路(芯片)、天线和封装材料构成,如图6-2所示。

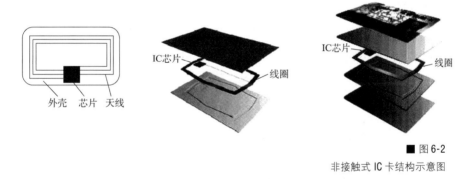

图6-2 非接触式IC卡结构示意图

3. 实现技术

非接触式IC卡的关键技术主要表现在芯片的制造和卡片的封装方面。

①射频技术。非接触式IC卡是先进的射频技术和IC卡技术相结合的产物,在设计上要解决电源、天线、干扰等问题。

非接触式IC卡需无源设计,由读写器向射频卡发一组固定频率的电磁波,通过卡内电路产生芯片工作所需直流电压;卡内需埋装经特殊设计的天线;须保证有良好的抗干扰性能,还要设有"防冲突"电路。

②低功耗技术。无论是按有源方式还是按无源方式设计的非接触式IC卡,都需要降低功耗,以延长卡片的寿命和扩展应用场景。可以说,降低功耗,同保证一定的距离是同等重要的。因此,卡内芯片一般都采用非常苛刻的低功耗工艺和有关技术,如电路设计中采用"休眠模式"技术进行设计制造。

③封装技术。非接触式 IC 卡中需要埋装天线、芯片和其他特殊部件，为确保卡片的大小、厚度、柔韧性和高温高压工艺中芯片电路的安全性，需要特殊的封装技术和专门设备。

④安全技术。除了卡的通信安全技术外，还要与卡用芯片的物理安全技术和卡片制造的安全技术相结合，以构成强大的安全体系。

4. 非接触式 IC 卡系统结构

非接触式 IC 卡系统由读卡器和非接触式 IC 卡两部分组成。如图 6-3 所示。

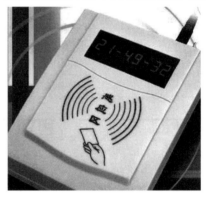

▇ 图 6-3

非接触式 IC 卡系统结构图

应用系统通过读卡器给非接触式 IC 卡发送指令，并通过读卡器分析非接触式 IC 卡返回的有关信息。读卡器通过射频信号同非接触式 IC 卡进行近距离通信，并给非接触式 IC 卡提供能量。非接触式 IC 卡用来响应读卡器的指令，并报告处理的结果。

非接触式 IC 卡内部结构主要由射频接口电路、数字电路、EEPROM 存储单元电路和天线四个部分组成。

射频接口电路主要有四个功能：一是给非接触式 IC 卡内部各部分电路提供工作时所需要的能量（通过电源产生电路完成）；二是从载波中提取电路正常工作时所需要的时钟（由时钟恢复电路完成）；三是对进出非接触式 IC 卡的数据进行调制解调（由数据调制解调电路完成）；四是上电复位（由复位电路完成）。

数字电路由主控制模块、通信模块、信息安全模块等部分组成。各模块在主控制模块的控制下，对读卡器的指令进行响应。

EEPROM 存储单元电路用来存储数据和程序代码。

非接触式 IC 卡的天线一般有绕线天线、蚀刻天线（或印刷天线）等形式。印刷天线如图 6-4 所示。

随着微电子器材生产装备技术的发展，已经开始采用蚀刻天线（或者印刷天线）。此种天线不需要从载带冲切模块和碰焊的倒装连接等生产工艺，不仅可以简化模块封装过程，还能够实现焊区与焊区直接导连，减小了其互连产生的杂散电容、互连电阻及互连电感,提高了非接触式 IC 卡的可靠性。同时,采用芯片直连技术,使得生产出的天线层在厚度上能够控制在 0.26mm 以内,能生产出厚度小于 0.5mm 的非接触式 IC 卡。

图 6-4
印刷天线

车票结构认知

任务实践

6.1 自动验票机的维护

一、日检

确保液晶屏显示亮度适中,无笔画缺损、乱码、抖晃、色差;触摸屏无漂移,触点响应准确。

二、月检

1. 设备清洁

①用吹风机清洁设备内部、表面灰尘。
②用毛刷清洁电源盒表面灰尘。
③用抹布清洁设备内部机械表面及附属部件工控机、电源盒、读卡器外罩表面的灰尘。
④用毛刷和抹布清洁乘客显示器表面。

2. 紧固件、接插件检查

TCM 紧固件、接插件的月检同 BOM,此处不再赘述。

3. 设备功能测试

①目测乘客显示器,确认无笔画缺损、字符显示正常。
②检查读卡器的通信是否正常(外置读卡距离最大有效距离为 6cm)。
③检查与车站计算机系统的通信连接是否正常。

三、年检

1. 工控机检修

TCM 年检中对工控机的检修同 BOM 年检中的工控机检修,此处不再赘述。

2. 读写器检修

TCM 年检中对读写器的检修同 BOM 年检中的读写器检修,此处不再赘述。

3．部件检查

TCM 年检中对部件的检查同 BOM 年检中对部件的检查，此处不再赘述。

4．功能测试

①检查显示器是否损坏，更换损坏的显示器。

②检查电子硬盘、CF 卡等存储介质的读写是否正常，如有异常予以更换。

③设备上电后，检测操作系统、应用软件（包括配置文件）运行是否正常。

④检查读卡器的连接情况，使用票卡测试读卡器的读写功能。

自动验票机常见故障及处理　6.2

在正常情况下,打开自动验票机电源,Windows 操作系统启动后,自动验票机会自动进入刷卡验票状态。刷卡能正常读出卡里面的各种信息。如果设有影音文件,会自动播放,功放喇叭发声正常,能够正常查看各类信息。自动验票机常见故障及处理指南如表 6-3 所示。

自动验票机常见故障及处理指南表　　表 6-3

序号	故障现象	故障分析	故障处理
1	设备无法上电,上电马上跳闸	设备内有短路、过载或漏电现象	检查并排除设备内短路、过载或漏电故障
		漏电保护开关损坏	更换漏电保护开关
2	设备上电,设备无反应	电源线路接插不良,有断路	检查电源线路,排除断路
		工控机故障	检查工控机内存安装是否牢固,程序软件配置是否正确,工控机是否损坏
3	程序不能启动	工控机上电后,工控机上蜂鸣器声音正常,说明工控机主板没问题,工控机程序未能正常启动,是系统设置问题	主控板 CMOS 故障。重新设置 CMOS 参数并重启系统
4	不能读卡	读写器出现故障,或连接线缆出现故障	检查读写器是否有电,通信是否正常,SAM 卡是否接触可靠,数据线缆是否正常
5	程序运行不正常	硬盘出现故障	更换硬盘

自我测试与评价

一、判断题

(　　)1. 自动验票机,设置于车站付费区,采用联网方式,用于乘客自助查询车票内记录的历史交易信息。

(　　)2. 自动验票机除了向车站计算机系统上传运行状态、报警外,还对所有数据分类进行日志记录。

(　　)3. 所有数据可在自动验票机上存储7天。数据保存7天后，自动验票机上可自行删除最早一天的数据。所有日志记录的数据均可以修改。

二、填空题

1. 自动验票机查询服务可以查询车票的有效性，查询车票内记录的（　　）。

2. 当工作人员打开自动验票机维修门时，需输入其身份识别码和（　　），否则在车站计算机系统和自动验票机上会产生声响等报警信息。

3. 自动验票机具有保存和上传给车站计算机系统处理数据的功能。在通信中断时，自动验票机具有（　　）工作能力，能维持正常功能。

4. 自动验票机还能显示乘客（　　），包括 AFC 系统介绍、AFC 系统使用指南、其他公告信息等，该信息可作为系统参数由车站计算机系统下载到设备中。

三、简答题

简述自动验票机的主要特点。

实训训练

自动验票机常见故障分析及解决方法

根据表6-4给出的故障现象，分析故障原因，列出检测及解决方法。

表6-4　自动验票机常见故障分析及解决方法

序号	故 障 现 象	故 障 分 析	检测及解决方法
1	设备无法上电，上电马上跳闸		
2	设备上电，设备无反应		
3	程序不能启动		
4	不能读卡		
5	程序运行不正常		

项目7

自动售检票系统安全、容灾与保障

◎ 项目导入

随着城市轨道交通建设的不断发展，客流不断增加，城市轨道交通规模不断扩大。城市轨道交通中任何一个环节的安全都极为关键。

城市轨道交通安全的含义非常广泛，涵盖了乘客从入站到出站的全过程。其涉及设备本身的系统安全及使用安全，以及运营安全、财产安全、人身安全等。

❀ 知识结构要求

1. 了解自动售检票系统安全、容灾及保障的概念及相应措施。
2. 掌握自动售检票系统保障方法。

❀ 职业能力要求

1. 能够认识自动售检票系统安全、容灾及保障的重要性。
2. 能够运用自动售检票系统保障方法。

知识准备

理论单元

自动售检票系统安全　7.1

一、安全保护的内容

对于城市轨道交通自动售检票系统这样的大型信息系统来说,安全保护应包括以下内容:

①物理安全:包括环境安全、设备安全和媒体安全。

②运行安全:包括风险分析、审计跟踪、备份与恢复、应急响应。

③信息安全:包括操作系统安全、数据库安全、网络安全、处理软件安全、防病毒、访问控制、加密、鉴别等方面。

④管理安全:包括安全制度、安全措施和方式、方法。

⑤人员安全:包括有关人员的可信度和安全意识。

⑥辐射安全:包括有关设备信号辐射的安全控制。

二、信息安全

在信息系统越来越庞大、关联对象越来越多、系统组成越来越复杂的情况下,信息系统所受到的威胁也越来越多、越来越复杂。安全是信息系统能否正常运行的关键,如何建立一套适合的安全体系来确保系统的安全至关重要。轨道交通自动售检票系统涉及面广、结构复杂、数据和资金量大以及参与使用人员众多,属于大型计算机综合信息管理系统。这使得其安全体系的建立需要考虑更多的因素,因此在进行自动售检票系统规划时必须将信息安全体系的建立放在一个重要位置。

信息安全是一个涉及计算机科学、网络技术、通信技术、密码技术、信息安全技术、应用数学、数论和信息论等多种学科的边缘性综合学科。

(1)信息系统的元素构成。

通常,信息系统的元素构成有:

①信道:数据的传输载体。

②网络:提供信道和路由。

③传输协议:信息传输交换的特定"格式"。

④主机系统:数据到信息的转换、发送/接收、处理和存储。
⑤数据库系统:信息的存储管理系统。
⑥应用系统:由计算机技术实现的业务管理自动化。
(2)在信息系统中,受到安全问题影响的资源。
①硬件:CPU、电路板、键盘、终端、工作站、计算机、打印机、磁盘驱动器、通信线、通信控制器、终端服务器、网络连接设备等。
②软件:源程序、目标程序、开发工具、诊断程序、操作系统、通信程序等。
③数据:执行过程中的数据、存储数据、存档数据、预算记录、数据库、通信媒体的传输数据等。
④人员:用户,需要运行系统的人等。
⑤文档:程序、存储介质上和存储器内存储的格式化数据等。
⑥耗材:纸、色带、磁带等。

国际标准化组织(ISO)对计算机安全的定义是,为数据处理系统建立和采取的技术和管理的安全保护,保护计算机硬件、软件、数据不因偶然和恶意的原因而遭到破坏、更改和泄露。

计算机安全的另一种定义是,计算机的硬件、软件和数据受到保护,不因偶然和恶意的原因而遭到破坏、更改和泄露,系统连续正常运行。

无论哪种定义,都可以从三个方面理解计算机安全的本质:①从用户角度看,是保护利益、隐私,保证存储、传输安全;②从运行管理角度看,是确保系统运行正常、可靠、连续;③从国家、社会角度看,是为系统过滤掉有害信息。

信息安全主要涉及信息的机密性、完整性、可用性、不可否认性。美国由军方到社会全面推出了"信息安全保障体系"概念,并概括了网络安全的全过程,即边界防卫、入侵检测、安全反应和破坏恢复。

"信息安全保障体系"不能仅从技术的角度思考,还有一个涉及社会管理层面更高层次的问题:

①全社会的综合集成安全体系。它建立在安全技术的平台上,以各部门形成合力为特征,不是各部门功能的简单叠加,而是在统一领导下的有机组合。
②安全策略的制定。
③法律、制度、管理、技术方面的相关问题。

三、自动售检票系统安全措施

城市轨道交通自动售检票系统安全应主要解决以下五个问题。
①物理链路的安全。通过采用链路加密、专网技术和通信线路管制的手段提高通信线路的安全防护能力。
②系统的安全。通过采用技术手段和防护设备提高系统对攻击者的抵御能力。
③信息的安全。通过采用加密手段确保计算机系统中存储、处理、传输的信息不被非法访问、截收、更改、复制、破坏、删除。

④设备环境的安全。通过一定的技术手段确保信息设备的电磁泄漏辐射符合保密标准,安放设备的房间安全、可靠等。

⑤技术手段与管理相结合。通过健全法律、规章制度和加强思想教育,杜绝管理上的漏洞和思想认识上的漏洞。

城市轨道交通自动售检票系统作为大型计算机综合信息管理系统,其安全性主要体现在计算机硬件与环境安全、计算机网络安全、通信安全、数据安全、数据库系统安全、应用软件系统安全、操作安全、应急响应与灾难恢复等方面。

应用软件系统安全主要针对所有计算机程序和文档资料,保证它们免遭破坏和非法复制。软件安全技术包括掌握提高安全产品的质量标准,对自己开发使用的软件建立严格的开发、控制、质量保障机制,保证软件满足安全保密技术标准要求,确保系统安全运行。应用软件在被投入使用前,要经过严格的测试,如果有条件,白盒测试可以采用阅读和理解程序代码的方式进行,以检查程序代码中是否存在无意或有意留下的"时间炸弹""条件循环陷阱"或因调试程序临时开设的"后门"未被封堵的情况。

1. 硬件与环境安全

硬件安全是指系统设备及相关设施运行正常,系统服务适时。即保证计算机设备、通信线路及设施、建筑物等的安全;预防地震、水灾、火灾、飓风、雷击;满足设备正常运行环境的要求,包括电源供电系统,满足机房的温度、湿度、清洁度、电磁屏蔽要求;采取监控、报警和维护技术及相应高可靠、高技术、高安全的产品;采用防止电子辐射、泄漏的高屏蔽、低辐射的设备,使用安全管理技术等。

环境安全很容易被忽略,尤其在信息系统建设中。使计算机设备远离人群,将非授权人员阻挡在外,保护所使用的计算机设备,一般可遵循的原则如下。

(1) 将计算机设备与无关人员隔离。

在城市轨道交通自动售检票系统中,应实行对计算机设备的物理隔离安全措施,主要体现在:

①车站计算机系统:a. 计算机和网络通信设备存放于机柜中,统一安置在管理严密的空间内,以保证存放地的封闭性;b. 保证流转票卡存放的独立性;c. 保证流转的票箱和钱箱存放的封闭性;d. 保证 TVM、BOM 和进出站检票机中的计算机、票箱和钱箱的封闭性。

②中央计算机系统:a. 保证计算机、通信设备主机房的封闭性;b. 保证分拣编码系统所在机房的独立性;c. 保证白卡、成品票卡库房的封闭性。

(2) 把非授权人员阻挡在外。

自动售检票系统应严格控制有权进入其计算机系统机房的人员。这些被授权人员使用钥匙卡或个人密码,由系统进行身份认证,确定其对系统资源、系统管理、应用软件、数据访问、数据更改、故障维护等操作的授权,并自动记录操作行为。严格限制未经授权人员的任何操作和访问,高级别的访问、操作管理权限的设置及其使用应授权于对企业忠诚和表现最佳的员工。

考虑安全授权操作时,同样需要考虑硬件环境的要求。例如,把一台服务器锁在密室里自然可以防止恶意用户接触,但房间的通风不佳,计算机将会因过热而出现故障,从而使得对安全问题的考虑变得毫无意义。

把非授权人员阻挡在外是限制物理接触和限制潜在破坏的一个好方法。限制非授权人员接触计算机,可以避免对计算机资源的直接物理伤害,而阻挡非授权人员共享计算机资源,通常通过内建于计算机的系统安全特性实现。几种阻挡非授权人员接触计算机资源的方法如下:

①锁住安放 CPU 的机箱。许多台式机机箱和塔式机柜都有锁装置,可以用来阻止非授权人员打开机箱。

②使用电缆式安全锁来防止非授权人员窃取整台计算机。

③配置基本输入输出系统(BIOS)使计算机不从软驱启动。这使得入侵者更难从系统盘中删除密码或账户数据。

④在存放计算机的房间里安装活动探测报警器。

⑤使用加密文件系统(Encrypting File System,EFS)对计算机设备上的敏感文件夹进行加密。

(3)保护所使用的计算机设备。

网络电缆接口、集线器,甚至外部网络接口都是网络中易受到攻击的地方。能够连接到计算机系统网络的攻击者可以窃取正在传送的数据,或者对所在网络或其他网络中的计算机发动攻击。如果可能,将集线器和交换机放在有人看管的房间里,或者放在上锁的机柜中;沿着墙和天花板分布电缆,使其不容易接触到;此外,还要确保外部数据连接点处于锁定状态。

2. 应急响应与灾难恢复

自动售检票系统中各层次的应用系统(设备系统、车站计算机系统和中央计算机系统)在应急响应与灾难恢复方面具有不同要求。

一般而言,在发生网络通信故障时,TVM、BOM 或进出站检票设备应用系统具备独立运行能力,可以照常运行服务;而如果这些设备中单机发生故障,则需要排查硬件部件故障或应用系统故障的原因,在短时间内使之处于维修状态,退出服务运行。

如果是车站计算机系统或中央计算机系统出现故障,则在保证所有交易数据完整性、正确性的前提下,停止这些系统的对外服务,由技术维护人员进行故障排查与修复。

通常在车站计算机系统、中央计算机系统中采用磁盘镜像和磁盘阵列技术保证数据的冗余性和系统运行的稳定性。在数据库出现故障时,可以把最近的磁盘备份资料和当前的归档日志资料用于数据库故障恢复。整个运行平台配置和应用软件系统经测试后在正式投入运行前,需首先对整个系统作磁盘备份,每当运行平台系统设置或应用软件更改后必须重新备份,系统备份可用于系统出现故障时整个应用系统的及时恢复。

自动售检票系统容灾 7.2

一、容灾总述

容灾系统是通过在异地另行建立和维护一套独立的应用系统,利用地理上的分离来保证信息系统和数据对灾难性事件的抵御能力,以实现整个应用系统和业务数据的完整备份。

根据容灾系统对灾难的抵抗程度,容灾可分为数据容灾和应用容灾两个层次。数据容灾是指建立一个异地的数据存储系统,该数据存储系统是对本地系统中关键的应用数据进行实时复制。当出现本地系统中数据丢失的灾难时,可由异地系统中存储的数据进行恢复来保证本地系统业务的连续性、数据的完整性。应用容灾比数据容灾层次更高,即在异地建立一套完整的、与本地应用系统相当的备份应用系统。容灾系统可以同本地应用系统互为备份,也可与本地应用系统共同工作。在灾难出现后,远程容灾系统迅速接管或承担本地应用系统的业务。

有两个技术指标衡量容灾备份系统:

RPO(Recovery Point Objective):数据恢复目标,指业务系统所能容忍的最大数据丢失量。

RTO(Recovery Time Objective):时间恢复目标,指所能容忍的业务停止服务的最长时间,也就是从灾难发生到业务系统恢复服务功能所需要的最长时间。

RPO 针对的是数据丢失,而 RTO 针对的是服务丢失,二者没有必然的关联性。在进行风险分析和业务影响分析后,根据不同的业务需求确定 RTO 和 RPO。针对不同企业、不同业务,RTO 和 RPO 的需求也有所不同。

设计一个容灾备份系统,应充分考虑多方面的因素,如备份/恢复数据量的大小、应用系统和容灾系统之间的距离和数据传输方式、灾难发生时所要求的恢复速度、容灾系统的管理及投入资金等。根据这些因素和不同的应用场合,通常将容灾备份系统分为四个等级:

①第 0 级没有容灾备份系统。

这一级容灾备份系统,实际上没有灾难恢复能力,它只在本地进行数据备份,并且备份的数据只保存在本地,没有送往异地。

②第 1 级本地磁带备份,异地保存。

在本地将关键数据备份,然后送到异地保存。灾难发生后,按预定数据恢复程序恢复系统和数据。这种方案成本低,易于配置。但当数据量增大时,存在存储介质难管理的问题,并且当灾难发生时存在大量数据难以及时恢复的问题。为了解决此问题,当灾难发生时,先恢复关键数据,后恢复非关键数据。

③第2级热备份站点备份。

在异地建立一个热备份站点,通过网络进行数据备份。也就是通过网络以同步或异步方式,把主站点的数据备份到备份站点。备份站点一般只备份数据,不承担业务。当出现灾难时,备份站点接替主站点的业务,从而保证业务运行的连续性。

④第3级活动容灾备份系统。

在相隔较远的地方分别建立两个数据中心(一般称为主应用系统和容灾备份系统),它们都处于工作状态,并进行相互数据备份。当主应用系统发生灾难时,容灾备份系统立即接替其工作任务。根据实际情况,这种级别的备份又可分为两种:a. 两个数据中心之间只限于关键数据的相互备份;b. 两个数据中心之间互为镜像,即零数据丢失等。零数据丢失是目前要求最高的一种容灾备份方式,它要求不管发生什么灾难,系统都能保证数据的安全。所以,它需要配置复杂的管理软件和专用的硬件设备,需要的投资相对而言是最大的,但恢复速度也是最快的。

二、容灾目标

广义而言,容灾目标是指在各种不可抗力事件与自然灾害发生时,能保证业务的可持续运行。灾难备份的目标不仅是要防止数据丢失,还需要保证业务的连续性。

一般而言,没有一个统一的可适合所有组织的容灾方案。因此,各个组织必须根据各自的业务性质、信息系统架构、数据类型、需应对不可抗力事件与自然灾害的种类,综合评估投资成本与灾害损失之间的关系等,建立一个量身定制的、可操作的容灾系统。

根据城市轨道交通自动售检票系统的业务性质,它需应对的不可抗力事件与自然灾害主要为存储系统失效、应用系统失效、网络失效、电力故障、环境失效、火灾、水灾、恐怖事件、公共安全事件等。在综合考虑容灾技术和投资效益等因素后,必要的容灾目标如下:

①区域容灾目标——同城容灾。

②网络容灾目标——网络设计采用冗余设计技术,要求当生产网络发生故障时,能自动启用备份网络,启用过程中应用数据不丢失。

③数据容灾目标——当主应用系统的数据失效时,能自动启用容灾备份系统的备份数据,保证数据不丢失(即 RPO = 0),启用过程对应用透明(即 RTO = 0)。

④系统容灾目标——当中央应用系统(即主应用系统)失效,即无法进行业务转接时,自动/人工启用容灾备份系统进行业务转接,切换时间要尽可

能短,以保证数据不丢失。

容灾的三大特性可以用 3R 来表示:①Redundancy——冗余性;②Remoteness——远隔性;③Recoverability——恢复性。

在城市轨道交通自动售检票系统中,要求生产系统与容灾备份系统具备:

①确保系统 7×24h 运行;

②一台机器出现故障时,在可忍受的时间(如 10min)范围内切换到另一台机器;

③整个容灾备份系统接管生产系统的过程应在 10min 内完成;

④系统能够防止关键业务数据的丢失。

三、自动售检票中央计算机系统容灾策略

自动售检票中央计算机系统是以信息处理为核心的应用系统,承担着对票务交易数据的处理和售检票系统的运行管理,并支持票务收入的清分结算,是自动售检票系统的核心环节。

就该应用系统而言,数据的安全和业务的可持续性是其生命。所以,在中央计算机系统的建设初期,就必须建立一个可靠的容灾备份系统,并制订完善的容灾备份方案。在制订方案时,应充分考虑应用的重要性级别、最大允许停顿时间、数据传输量、最大数据丢失度、数据相关性、应用相关性等因素。

自动售检票中央计算机系统重要内容的容灾备份系统宜建设在同城异地,其作用是在中央计算机系统发生故障时接管运行,以保证每日交易数据的处理、账务结算、资金划拨等工作的正常进行,以及实现对城市轨道交通运营模式、客流与车票调配等正常与否的监控。

自动售检票中央计算机系统完善的容灾备份方案应包括如下五个方面:

①灾难恢复计划(disaster recovery plan):描述在灾难发生前、灾难过程中、灾难恢复后,针对信息系统构架应采取的一系列措施和方法。这也是容灾备份方案的重点内容。

②业务恢复计划(business recovery plan):从业务处理角度出发,描述灾难发生过程中的人员调度、人员职责和工作内容。

③业务再续计划(business resumption plan):从业务中断开始到业务再续,逐步描述业务恢复流程。

④突发事件处理计划(contingency plan):预设想在灾难发生时所有的外部事件,并详细描述应对措施,例如关键供应商、关键人员等无效时,应采取何种措施。

⑤危机管理计划(crisis management plan):全面描述在灾难发生时的事件管理,如人员的救援、事件发布方式、发布范围及内容,向重要合作伙伴、客户的解释方式和内容,等等。

按照城市轨道交通自动售检票系统的特点,容灾备份系统主要分为通信网络容灾、存储网络容灾,以及数据备份和应用备份等内容。

自动售检票系统保障 7.3

要确保自动售检票系统正常运行,必须建立一套完善的保障体系。系统保障包括环境保障、技术保障、管理保障等。

一、环境保障

系统环境是指为保障系统正常运行所必须具备的物理环境。通常意义上,其是指电源环境、机房空调环境、网络环境、计算机主机与存储环境、应用环境等。

1. 电源环境

(1)不间断电源(UPS)。

城市轨道交通自动售检票系统对应用电源的基本要求是要具有比较稳定的电流和电压。如果电流和电压波动太大,将会影响网络信息系统设备的正常运行。因此,不间断电源应具备以下要素:①宽输入电压范围。②防雷功能。

(2)计算机中心机房能源。

除了采用自身的变电系统对市电进行变压、频率调整和在 UPS 设备前端对电网污染进行隔离之外,在计算机中心机房供电网络里所使用的所有电气设备都会对机房能源供给的高可靠性产生负面影响,而 UPS 设备本身处于机房外部市电与机房内部系统的交叉点上,做好其自身的安全保护和故障防范就显得格外重要。主要应关注以下两点:

①大功率的 UPS 设备本身既是电源供给设备,又是耗电负载,因此应有效控制 UPS 设备自身的污染,使其对市电公网以及对计算机中心机房的负面影响降至最低乃至完全隔离。

②在城市轨道交通计算机中心机房内运行着较多的计算机服务器及网络设备,而这些设备大多是纯阻性负载,它们的运行会对能源的供应网络产生较大的污染,尤其在设备同时启动或关闭时,其产生的污染往往会对整个供电系统造成极大的破坏,因此,在选择 UPS 设备时,应充分考虑消除用户负载设备对能源供给设备产生污染的问题。

(3)电池管理的必要性。

UPS 设备在不配备电池时,只能起到稳压、稳频、净化电网污染的作用,而停电后根本不能正常工作。蓄电池(也称电池组)相当于 UPS 的心脏,其重要性是不言而喻的。在初期投资中,蓄电池所占比例也相当大,如后备 4h

的 UPS，蓄电池成本与主机成本持平。

（4）集中监控网络管理。

城市轨道交通多个站点的分布，要求能对所有工作在网络中的智能 UPS 进行统一的管理和监控，以便进行整个体系的管理和维护。

（5）后备延时工作时间。

在重要的数据中心或中心机房内，如发生市电断电，UPS 应具备一定的后备工作时间，以保证重要信息的存储和应急处理。根据城市轨道交通的应用环境，应配备 1h 以上的后备延时时间，并选配质量可靠的蓄电池，方能确保市电断电后 UPS 的正常工作。

2．机房空调环境

通常，计算机机房空调普遍存在两个问题：一是室内空气质量、空气洁净度不能满足国家规范；二是气流组织状态差，甚至无组织送风。生产中心主机房空调环境应定期进行检查与维护，以保证机房温度与湿度控制在适当范围内，确保计算机主机、网络设备等的正常运行。

3．网络环境

在建设网络环境时应通过线路、设备的冗余设计来保证运行的稳定性、连续性。一旦某通信线路或某台设备发生故障，就可启动冗余线路或设备，以确保运行的稳定性、连续性。

4．计算机主机与存储环境

计算机主机与存储环境的稳定和正常运行，将直接影响自动售检票系统的正常运行。

主机环境的性能表现是系统工程的产物，既依赖各种计算机资源和系统的有机组合，也依赖设计人员的实践经验和应用软件的质量及其处理策略。其中，应用软件的质量及其处理策略是主机环境能否达到预期设计性能的一个重要因素。

保证存储环境的可靠性和可用性，一般可通过下述技术实现：

①本地硬盘采用镜像技术配置，防止由硬盘故障造成系统瘫痪以及系统相关数据丢失。

②通过存储区域网（SAN）技术设计和实现主处理机的联机存储，用于联机存储海量交易记录。

5．应用环境

在自动售检票中央计算机系统应用软件的部署中可以采用前、后台应用环境与并行作业环境相结合的方法进行设计和开发，主要目的是使应用系统功能界面清晰、负载自动平衡、运行稳定、易维护和易扩展。

二、技术保障

1．系统连续运行保障

自动售检票系统的生命周期较长，而中央计算机系统是其核心系统，必须确保中央计算机系统安全、可靠、稳定、不间断运行。为了能始终处于7×24h的连续运行状态,中央计算机系统采用了多种可靠性技术手段来建立整个系统的备份,保障发生故障后能够及时恢复。系统连续运行技术保障工作分为两个阶段:一是设计建设阶段实施的技术保障,二是在运行周期中的运行监护。

(1) 设计建设阶段实施的技术保障。

该阶段主要针对通信网络、主机系统、业务数据等,充分考虑它们的安全性、可靠性和稳定性。技术保障措施包括通信网络的冗余、业务数据的定期备份、主处理系统双机热备与负载平衡。

(2) 在运行周期中的运行监护。

中央计算机系统是集网络通信、数据存储、数据处理、信息安全、电源供给等为一体的综合信息系统。该系统的核心是庞大的账务数据存储、业务处理过程和数据传输。系统所涉及的设备众多,系统的数据存储及管理高度集中,从而使得系统的风险也高度集中。这些风险存在于系统硬件设备、系统软件、系统工作负荷、应用软件系统中,还来自外界的恶意攻击、病毒感染等。任何环节出现问题都将影响系统正常工作甚至导致系统崩溃。因此,必须采用必要的技术保障来维持系统的不间断运行。

技术保障主要分为两个方面:一是单纯地依靠技术人员对系统进行保障,二是建立有效的运行网络监护系统。

网络监护系统包含实时监控、故障处理、预警提示等三个方面。

① 实时监控。监视设备的运行状态,了解设备运行性能,发现运行中出现的问题,对系统运行进行有效的维护。

② 故障处理。在一定的范围内主动修复故障,对于不能主动修复的故障,提供处理预案和技术支持,以保证故障的顺利修复。

③ 预警提示。预测系统可能会发生的问题,给出解决问题的建议和优化方案。

2. 运行中的故障处理

(1) 城市轨道交通线路运行中的故障。

当某条线路、某个区间或车站发生故障时,需要及时做出故障处理,最大限度地保证中央计算机系统的正常运行。

当某一线路发生故障时,其线路中央计算机系统和车站计算机系统将进入降级运行模式并发出通知,该通知逐级上传后,再及时转发给其他线路中央计算机系统以及它们下辖的所有车站计算机系统。这样,一旦某线路的某车站的运行模式发生改变,除了该车站执行运行模式相关动作之外,整个城市轨道交通网的所有其他线路与车站计算机系统都会收到通知,并根据该运行模式变化的情况进行相应的处理。

对于中央计算机系统而言,在接收到下属线路、车站计算机系统上送的降级运行模式通知后,除向其他线路中央计算机系统转发外,自身也将对相

关交易的处理规则做出调整。调整的模式视降级运行模式的情况而定,基本上可以分为如下几类:

①时间忽略模式。出于运营方的原因,乘客延误出站并超出系统设定时间,中央计算机系统将对指定站点、指定时间范围内的出站交易进行时间忽略,即不再对该笔交易的时间合理性进行判定。

②扣款忽略模式。列车故障导致乘客无法乘坐,在乘客出本站时不扣款,且车票可以继续使用。当乘客再次正常使用该车票时,按正常清分处理。

③日期忽略模式。出于运营方的原因,允许乘客可以隔日使用车票时,中央计算机系统对指定线路、指定交易日的出站交易不再清分,待乘客隔日使用并产生出站交易时再进行清分。

④超程忽略模式。出于运营方的原因,中央计算机系统将对指定线路上的出站交易不进行超程情况判定,而直接进行清分,但清分时依据的清分票款应按照出站交易中的交易金额(即售票金额)清分。

⑤出站忽略模式。当车站发生紧急情况时,所有乘客不经检票全部放行,无出站交易,此类车票的使用情况通常与列车故障模式类似。

⑥进站忽略模式。当全路网只有一个车站进入进站忽略模式时,由于出站闸机已经接收到中央计算机系统下发的降级运行通知,因此出站闸机将进入进站忽略模式的车站记录为进站站点,中央计算机系统进行正常清分。而如果同时有多个车站进入进站忽略模式,则按到达出站车站的最低票价扣款,清分时所有票款都分配给出站车站所在线路。

以上描述的六类故障,对自动售检票系统没有实质性的影响。针对线路在运营过程中可能出现的各类故障,中央计算机系统应进行分类定义,并制订相应的紧急运营模式,对各类运营模式进行分类并设定级别;中央计算机系统将这些设定模式下发给各线路,当某一线路出现故障时,各线路按中央计算机系统设定的模式进行运营,而一旦出现多故障,各线路有权选择更高级别的处理模式进行处理,同时,向中央计算机系统上报。

中央计算机系统接收上报的故障信息后,首先判断故障是否需要通知相关线路,如果需要即进行通知。其次判断故障是否影响清分,如不影响清分,中央计算机系统将不作任何调整;若影响清分,比如由于某线发生故障,路网拓扑结构发生变化,并需要较长时间进行恢复,这时中央计算机系统就需要作出相应的处理。

(2)中央计算机系统运行中的故障。

中央计算机系统运行中可能出现故障的设施有:供电、网络、主机设备或存储设备,以及生产系统中的应用系统等。针对不同的故障,技术维护人员应在分析故障的同时,启动处理预案,同时联系设备供应厂商或集成商,采取有效措施,尽快解除故障。

发生最高等级的故障时生产系统必须切换至容灾备份系统,以保障城市轨道交通日常运行的需要,继续完成相应的各类交易数据通信、清分、结算和资金划拨等工作。待生产系统故障解除后,再切换回生产系统。

三、管理保障

为保证自动售检票系统的稳定、正常运行,必须建立一支稳定、规范的日常管理保障队伍,并对其进行相应的培训。自动售检票系统的管理保障由运营管理、维护管理和培训管理组成。

1. 运营管理

运营管理包括自动售检票中央计算机系统、车站计算机系统、终端设备等三个层面的运营管理。中央计算机系统负责整个自动售检票系统的票务信息汇总和分析,实时监视与控制自动售检票系统的运营情况,向车站计算机系统发送相关业务信息。车站计算机系统负责车站各终端设备的正常运营,收集各种基本数据和信息,向中央计算机系统发送车站计算机系统收集的交易数据和信息,并接收中央计算机系统发送的运营参数和指令。终端设备是城市轨道交通自动售检票系统面向乘客的操作应用设备,将自动根据票务处理规则对售、检车票进行处理,并生成和保存车票处理的结果及其他管理信息。

在系统运营管理过程中,必须建立一套适合各层次管理需要的规章制度,以确保自动售检票系统正常、稳定、可靠地运营。

在城市轨道交通运营管理中,进一步强化"地铁运营无小事"的观念,做到"责任层层分解,目标人人明确"。严格执行运营值班制,真实记录自动售检票系统中出现的故障以及采取的相应的技术措施。

建立安全管理制度体系,做到安全管理制度化,通过各项制度规范系统和人员的工作流程,对系统进行安全、高效的管理。

在中央计算机系统、车站计算机系统以及其他重要区域(如敏感数据和票款)应有专人负责系统的安全工作,根据具体情况建立健全信息系统安全管理制度,包括人员管理、密码口令、机房安全、设备安全、系统运行、网络通信、数据管理等,明确责任,将安全管理工作落实到人。

应该明确城市轨道交通自动售检票系统相关层次的工作责任,各方要本着"职责清、情况明、素质高、数字准"的原则开展工作,以做好自动售检票系统的运营管理工作。

对中央计算机系统运营工作的数据要划分安全等级,确保核心数据和核心系统安全。本着从小到大、以实用为主的原则进行安全制度建设。对核心系统中的操作要严格控制工作人员的操作权限,实行必要的安全管理。

强化安全监管,主要包括人员管理、设备管理、软件管理、介质管理、密钥管理、口令管理、文档管理等。

2. 维护管理

自动售检票系统的维修维护部门负责维护自动售检票系统软件和硬件设备的正常运转,包括备品备件管理、应急基地管理和技术支撑平台管理。

(1)备品备件管理。

对于自动售检票系统中需要的终端设备及其关键部件,应保有相应的备品备件,以便设备出现故障时进行维修、替换。

(2)应急基地管理。

为及时解决城市轨道交通运营中出现的各类故障、问题,应在适当地点设置若干应急抢修基地,配备抢修车辆和训练有素的专业抢修队伍,在运营期间处于待命状态,确保车辆、物资、人员到位。

为保证自动售检票系统的正常运转,在应急基地设立自动售检票维修和检修部门,并负责新设备、新车站系统的接入测试工作。

在中央计算机系统所在地设立计算机检修工区,负责自动售检票系统的硬件维护和软件维护与升级,以及再开发工作。

(3)技术支撑平台管理。

由系统集成商、开发商和设备供应商组成技术支撑平台,提供全方位的技术更新支持、故障消除支持以及相应的经营指导。

3.培训管理

对自动售检票系统中的工作人员,应进行相关层次的专业培训。为了落实各类技术与管理人员的培训,应建立相应的教育培训基地。

对自动售检票系统中的运营管理人员,应进行多种形式的培训,以便他们在最短的时间内进入最佳的工作状态,担负起各自的工作职责。

自我测试与评价

一、判断题

(　　)1.自动售检票系统中各层次的应用系统(设备系统、车站计算机系统和中央计算机系统)在应急响应与故障恢复方面具有相同要求。

(　　)2.应用容灾比数据容灾层次更低,即在异地建立一套完整的、与本地应用系统相当的备份应用系统。

(　　)3.自动售检票系统的生命周期较长,而备份系统是其核心系统,必须确保中央计算机系统安全、可靠和稳定地不间断运行。

(　　)4.在中央计算机系统的建设初期,就必须建立一个可靠的容灾备份系统,并制订完善的容灾备份方案。

(　　)5.中央计算机系统接收上报的故障信息后,首先判断故障是否需要通知相关线路,如果需要即进行通知。

二、填空题

1.信息安全是一个涉及计算机科学、网络技术、通信技术、密码技术、信息安全技术、应用数学、数论和信息论等多种学科的(　　)学科。

2.ISO对计算机安全的定义是,为数据处理系统建立和采取的技术和管理的安全保护,保护计算机硬件、软件、数据不因(　　)和恶意的原因而遭到破坏、更改和泄露。

3.计算机安全的另一种定义是,计算机的硬件、软件和数据受到保护,不因偶然和恶意的原因而遭到破坏、更改和泄露,系统(　　)运行。

4.信息安全主要涉及信息的(　　)、完整性、可用性、不可否认性。

5.容灾系统是通过在异地另行建立和维护一套独立的应用系统,利用地理上的(　　)来保证信息系统和数据对灾难性事件的抵御能力,以实现整个应用系统和业务数据的完整备份。

三、选择题

1.从(　　)看,计算机安全的本质是保护利益、隐私,保证存储、传输安全。

  A.设备管理角度   B.运行管理角度
  C.国家、社会角度   D.用户角度

2.美国由军方到社会全面推出了"信息安全保障体系"概念,并概括了网络安全的全过程,即边界防卫、入侵检测、(　　)、破坏恢复。

  A.安全管理   B.安全保障   C.安全反应   D.安全防卫

3.数据容灾是指建立一个异地的数据存储系统,该数据存储系统是对本地系统中关键的(　　)进行实时复制。

  A.系统数据   B.系统程序   C.应用数据   D.应用程序

4.自动售检票中央计算机系统是以(　　)为核心的应用系统,承担着对票务交易数据的处理和售检票系统的运行管理,并支持票务收入的清分结算,是自动售检票系统的核心环节。

  A.信息存储   B.信息处理   C.交易结算   D.交易清分

5.为了能始终处于(　　)的连续运行状态,中央计算机系统采用了多种可靠性技术手段来建立整个系统的备份,保障发生故障后能够及时恢复。

  A.7×24h   B.5×24h   C.3×24h   D.1×24h

四、简答题

1.自动售检票中央计算机系统完善的容灾备份方案应包括哪几个方面?

2.城市轨道交通自动售检票系统安全应主要解决哪几个问题?

项目8

自动售检票系统维修电工安全基础

◎ 项目导入

自动售检票系统的设备涉及强电、弱电及操作安全等方面的用电安全问题,在运营过程中,必须重视用电安全。

❀ 知识结构要求

掌握用电安全及电工安全防范。

✖ 职业能力要求

能够正确使用常用维修工具及仪器仪表。

知识准备

理论单元

用电安全基础知识 8.1

一、电流对人体的作用

如果不慎触及带电体,发生触电事故,人体将受到各种不同的伤害。根据伤害不同,可以分为电伤和电击两种。

电伤是指在电弧作用下或熔丝熔断时,对人体外部的伤害,如烧伤、金属溅伤等。

电击是指电流通过人体,使内部器官组织受到损伤。如果人体不能迅速摆脱带电体,则最后会造成死亡事故。电击所引起的伤害程度与下列三个因素有关。

①人体电阻的大小。人体的电阻越大,通入的电流越小,伤害程度也就越轻。当皮肤有完好的角质外层并且很干燥时,人体电阻为 $10^4 \sim 10^5 \Omega$。当角质外层被破坏时,则电阻降到 $800 \sim 10000\Omega$。

②电流通过时间的长短。电流通过人体的时间越长,则伤害越严重。

③电流的大小。如果通过人体的电流在 0.05A 以上,就有生命危险。一般来说,接触 36V 以下的电压时,通过人体的电流不超过 0.05A,故把 36V 的电压规定为安全电压。如果在潮湿的场所,安全电压还要规定得低一些,通常为 24V 或 12V。

此外,电击所引起的伤害程度还与电流通过人体的路径以及人体与带电体接触的面积和压力等因素有关。

二、触电方式

人体的触电方式主要有以下两种。

1. 接触正常带电体

①电源中性点接地的单相触电,如图 8-1 所示。这时人体处于相电压之下,危险性较大。如果人体与地面的绝缘较好,危险性可以大大降低。

②电源中性点不接地的单相触电,如图 8-2 所示。这种触电也有危险。乍看起来,似乎电源中性点不接地时,不能构成电流通过人体的回路。但要

考虑到导线与地面间的绝缘可能不良,甚至有一相接地,在这种情况下就有电流通过人体。在交流的情况下,导线与地面间存在的电容也可构成电流的通路。

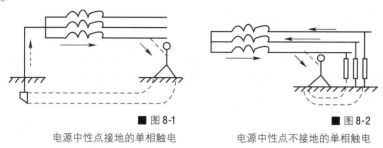

■ 图 8-1　　　　　　　　　　　■ 图 8-2
电源中性点接地的单相触电　　　电源中性点不接地的单相触电

③两相触电最危险,因为人体处于线电压之下,但这种情况不常见。

2. 接触正常不带电的金属体

触电的另一种情形是接触正常不带电的金属体。例如,电机的外壳本来是不带电的,由于线圈绝缘损坏而与外壳相接触,使它带电。手触及带电的电机(或其他电气设备)外壳,相当于单相触电。大多数触电事故属于这一种。为了防止这种触电事故,对电气设备常采用保护接地和保护接零(接中性线)的保护装置。

三、触电事故防护技术

触电事故分为直接触电和间接触电两种,这两种事故发生在电路或电气设备的不同状态下,因而防护措施也各不相同。

1. 直接触电防护技术

直接触电防护技术措施主要有绝缘、屏护、间距等。

(1) 绝缘。

绝缘是用绝缘材料把带电体封闭起来。电气设备的绝缘应符合其相应的电压等级、环境条件和使用条件。绝缘良好是保证设备正常运行的必要条件;绝缘不良会导致设备漏电、短路,从而造成设备损坏及触电事故。因此,绝缘防护是最基本的安全防护措施。

①常用绝缘材料。

绝缘材料又称电介质,它在直流电压的作用下,只有极小的电流通过。电工技术上将电阻率大于 $10^7 \Omega \cdot m$ 的材料称为绝缘材料。绝缘材料按形态可分为气体绝缘材料、液体绝缘材料和固体绝缘材料,按化学性质可分为无机绝缘材料、有机绝缘材料和混合绝缘材料。

常用的气体绝缘材料有空气、氮气、氢气、二氧化碳和六氟化硫等,常用的液体绝缘材料有矿物油、硅油、蓖麻油、十二烷基苯和二芳基乙烷等,常用的固体绝缘材料有电瓷、云母、玻璃、绝缘纤维制品、绝缘浸渍纤维制品、绝缘漆、绝缘胶、电工薄膜、复合制品、胶粘带、电工用塑料和橡胶等。

②绝缘破坏。

绝缘材料在运行中电气性能逐渐恶化甚至被击穿而发生短路或漏电的现象,称为绝缘破坏。其包括绝缘击穿和绝缘老化两种情况。

a.绝缘击穿。绝缘材料在强电场等因素作用下发生破坏性放电的现象称为绝缘击穿。绝缘击穿的特点是电压作用时间短,击穿电压高。击穿场强与电场均匀程度有密切关系,但与周围温度及电压作用时间几乎无关。

b.绝缘老化。引起老化的因素很多,主要有热的作用、电的作用(包括局部放电的作用)、机械力的作用以及周围环境的影响,如受潮等。

(2)屏护。

屏护是采用遮栏、护罩、护盖、箱、盒、挡板等把带电体同外界隔离开来。屏护装置的作用有:

①防止工作人员意外碰触或过于接近带电体,如遮栏、栅栏、保护网、围墙等。

②作为检修部位与带电部位的距离小于安全距离时的安全措施,如绝缘隔板等。

③保护电气设备不受机械损伤,如低压电器的箱、盒、盖、罩、挡板等。

屏护装置应与带电体保持足够的安全距离,并根据现场需要配以明显的标志以引起人们的注意,还应有足够的力学强度和良好的耐火性能。金属材料制造的屏护装置应可靠接地(或接零)。遮栏、栅栏应根据需要挂标示牌。遮栏出入口的门上应安装信号装置和联锁装置。

(3)间距。

为防止发生人身触电事故和设备短路或接地故障,带电体与带电体之间、带电体与地面之间、带电体与其他设施之间,必须保持一定的距离,称为安全距离或安全间距,可简称间距。安全距离取决于电压、设备状况、安装方式等因素。

安全距离的项目较多,有变配电设备的安全净距离、架空线路的安全距离、电缆线路的安全距离、室内外配线的安全距离、低压进户装置的安全距离、低压用电装置的安全距离、检修时的安全距离、带电作业时的安全距离等。

2.间接触电防护技术

电气设备在运行中发生漏电或击穿(俗称"碰壳")时,正常运行时不带电的金属外壳以及与之相连的金属结构便带有电压,此时人体触及这些外露的金属部分所造成的触电,称为间接触电。间接触电防护技术有保护接地、保护接零等。

3.其他触电防护技术

(1)双重绝缘和加强绝缘。

双重绝缘是指除基本绝缘(工作绝缘)外,还有一层独立的附加绝缘

（保护绝缘），用来保证在基本绝缘损坏时，对操作者进行触电保护。工作绝缘是带电体与不可触及的导体之间的绝缘，是保证设备正常工作和防止电击的基本绝缘；保护绝缘是不可触及的导体与可触及的导体之间的绝缘，是当工作绝缘损坏后用于防止电击的绝缘。加强绝缘是指绝缘材料的机械强度和绝缘性能都增强了的基本绝缘，它具有与双重绝缘相同的触电保护能力。

具有双重绝缘的电气设备工作绝缘电阻不得低于2MΩ，保护绝缘的绝缘电阻不得低于5MΩ，加强绝缘的绝缘电阻不得低于7MΩ。

(2) 安全电压。

安全电压是在一定条件下、一定时间内不危及生命安全的电压。它是根据人体电阻、安全电流、环境条件而制定的电压系列。这个电压系列的上限值为：在任何情况下，两导体间或任一导体与地之间均不得超过交流(50～500Hz)有效值50V。我国规定工频安全电压有效值的额定值有42V、36V、24V、12V和6V。

凡在特别危险的环境中使用的携带式电动工具应采用42V安全电压；凡在有电击危险的环境中使用的手持照明灯和局部照明灯应采用36V或24V安全电压；在金属容器内、隧道内、水井内以及周围有大面积接地导体等工作地点狭窄、行动不便的环境中应采用12V安全电压；水下作业及接触人体的医疗器械等应采用6V安全电压。安全电压是相对安全的电压，而非绝对安全。因此，应用安全电压时应注意下列事项：

①采用安全隔离变压器作为安全电压的电源，不得采用电阻降压或自耦变压器。安全隔离变压器的一次侧与二次侧之间有良好的绝缘，其他还可用接地的屏蔽进行隔离。安全电压侧应与一次侧保持双重绝缘的水平。

②安全电压回路必须与其他电气系统和任何无关的可导电部分保持电气隔离，防止接地（不得与大地、中性线和保护零线、水管、暖气管道等连接），但安全隔离变压器的铁芯应该接地。

③安全电压的插销座不得带有保护插头或插孔，并应有防止与其他电压等级的插销座互相插错的安全措施。

(3) 电气隔离。

电气隔离指工作回路与其他回路实现电气上的隔离。电气隔离是通过1:1（即一次侧、二次侧电压相等）的隔离变压器来实现的。电气隔离通过阻断在二次侧工作的人员单相触电时电流的通路来确保人身安全。

电气隔离的电源变压器必须是隔离变压器，二次侧必须保持独立，应保证电源电压不超过500V、线路长度不超过200m。

(4) 漏电保护装置。

漏电保护装置主要用于防止由漏电引起的触电事故或防止单相触电事故，也用于防止漏电火灾及监视或消除一相接地故障。漏电保护装置有电压型和电流型两大类，我国及世界各国广泛采用电流型漏电保护装置。

电流型漏电保护装置的动作电流分为 15 个等级。其中 30mA 及以下的属高灵敏度,主要用于防止触电事故;30mA 以上、1000mA 及以下的属中灵敏度,用于防止漏电火灾和触电事故;1000mA 以上的属低灵敏度,用于防止漏电火灾和监视一相接地故障。为了避免误动作,保护装置的额定不动作电流不得低于额定动作电流的 1/2。

漏电保护装置的动作时间指动作时的最大分断时间。为了防止各种人身触电事故,漏电保护装置宜采用高灵敏度、快速型的装置,其额定动作电流与动作时间的乘积不超过 30mA·s。

以下场所和设备必须安装漏电保护装置。

①建筑施工场所、临时线路的用电设备。

②除Ⅲ类设备外的手持式电动工具、除Ⅲ类设备外的移动式生活日常电器、其他移动式机电设备及触电危险性大的用电设备。

③潮湿、高温、金属占有系数大的场所及其他导电良好的场所,以及锅炉房、水泵房、浴室、医院等场所。

④新制造的低压配电盘、动力柜、开关柜、操作台、试验台等。

维修电工安全防范 8.2

一、人身安全防范

①在进行电气设备安装和维修操作时,必须严格遵守各种安全操作规程和规定,不得玩忽职守。

②操作时要严格遵守停电操作的规定,要切实做好防止突然送电时的各种安全措施。如挂上"有人工作,不许合闸"的警示牌,锁上闸刀开关或取下总电源熔断器的熔体,不准约定时间送电等。

③在操作邻近带电部分时,要保证有可靠的安全距离。

④操作前应仔细检查工具的绝缘性能,检查绝缘鞋、绝缘手套等安全用具的绝缘性能是否良好,有问题的应立即更换,并应定期进行检查。

⑤登高工具必须安全可靠。未经登高训练的,不准进行登高作业。

⑥如发现有人触电,要立即采取正确的抢救措施。

二、设备运行安全防范

①对于已出现故障的电气设备、装置及线路,不应继续使用,以免事故扩大,必须及时进行检修。

②必须严格按照设备操作规程进行操作,接通电源时必须先合上隔离开关,再合上负荷开关;断开电源时,应先切断负荷开关,再切断隔离开关。

③当需要切断故障区域电源时,要尽量缩小停电范围。有分路开关的,要尽量切断故障区域的分路开关,尽量避免越级切断电源。

④电气设备一般都不能受潮,要有防止雨雪、水汽侵袭的措施。电气设备在运行时会发热,因此必须保持良好的通风,有的还要有防火措施。对于裸露带电的设备,特别是高压电气设备,要有防止小动物进入的措施,以免造成短路事故。

⑤所有电气设备的金属外壳,都应有可靠的接地措施。凡有可能被雷击的电气设备,都要安装防雷设施。

三、触电防范

防止触电应做到以下几点。

①不得随便乱动或私自修理车间内的电气设备。

②经常接触和使用的配电箱、配电板、闸刀开关、按钮、插座以及导线等，必须保持完好，不得有破损或将带电部分裸露出来。

③不得用铜丝等代替熔丝，并保持闸刀开关、磁力开关等盖面完整，以防短路时发生电弧或熔丝熔断伤人。

④经常检查电气设备的保护接地、接零装置，保证连接牢固。

⑤在使用手电钻、电砂轮等手持电动工具时，必须安装漏电保护器，工具外壳进行防护性接地或接零，并要防止移动工具时导线被拉断。操作时应戴好绝缘手套并站在绝缘板上。

⑥在移动电风扇、照明灯、电焊机等电气设备时，必须先切断电源，并保护好导线，以免磨损或拉断。

⑦在雷雨天，不要走近高压电杆、铁塔、避雷针的接地导线周围20m之内。当遇到高压线跌落时，周围10m之内，禁止人员入内；若已经站在10m范围之内，应单足或并足跳出危险区。

⑧对设备进行维修时，一定要先切断电源，并在明显处放置"有人工作，不许合闸"的警示牌。

任务实践

常用维修工具的使用 8.1

AFC设备维修、维护中,工具的使用是必不可少的,熟练掌握工具的使用方法将有助于提高工作效率。维修人员会在维修工具包内配备一套常用工具。

1. 螺丝旋具

螺丝旋具又称螺丝刀、螺丝批、起子、改锥等,用来紧固和拆卸各种紧固力较小的螺钉,是设备日常维护检修及故障抢修的常用工具。螺丝旋具是由刀柄和刀体组成的,刀口形状有"一"字、"十"字、内六角、六角套筒等。根据刀体长度和刀口大小,每一类螺丝旋具都有不同的型号。电气维护用的螺丝旋具刀体部分用绝缘管套住。

首先,根据螺钉头部槽的形状和大小,选择合适的旋具,否则会损坏旋具或螺钉槽。然后,用大拇指、食指和中指夹住刀柄,手掌顶着刀柄末端。最后,把刀口放入螺钉头部槽内,使用合适的压力紧固或拧松螺钉。

用力时不能将螺丝旋具对着别人或自己,以防其脱落伤人。除了允许敲击的冲击螺钉旋具外,一般螺钉旋具不允许用锤子等工具敲击,不允许用螺钉旋具代替凿子或撬棍使用。

2. 扳手

扳手是用于紧固或拧松有角螺栓或螺母的工具。常用的扳手有活动扳手、呆扳手、梅花扳手、两用扳手、套管扳手、内六角扳手、棘轮扳手、扭力扳手、专用扳手等。使用时,手握手柄,手越靠后,扳动起来越省力。不允许将扳手当作撬棍或锤子使用。

3. 钳

钳按功能和形状可以分为克丝钳、尖嘴钳、扁嘴钳、鹰嘴钳、斜口钳、剥线钳、压接钳等。克丝钳具有夹持和剪切功能,常用来夹持器件、剪切金属线、弯绞金属线、紧固和拧松螺钉等。尖嘴钳的头部尖细,适合在狭小空间操作,可以用来夹持小的器件、剪切细小金属线、修整导线形状、紧固和拧松小螺钉。扁嘴钳的头部扁平,有带齿和不带齿两种,适合用来夹持和修整器件,不带齿的不会在器件上留下夹压的痕迹。鹰嘴钳的头部尖细且弯曲,适合用来夹持小的器件。斜口钳的头部有锋刃,用来剪切金属线。剥线钳用于剥除截面面积 $6mm^2$ 以下导线的绝缘层,使用时,选择相应的剥线刀口,以免损伤芯线。压接钳用来压接各类接头,有机械式压接钳和油压式压接钳。根据不同的压接接头和压接线径,使用不同的压接钳。常用的有网线接头压接钳。不同的钳有不同的功能,切忌混用。不允许用锤子等工具敲击钳或将钳当锤子敲击。

4. 镊子

镊子是维修中经常使用的工具,常常用它夹持纸屑、导线、元件及集成电路引脚等。在不同的场所需要用不同的镊子,一般要准备直头镊子、平头镊子、弯头镊子各一把。通常选用质量好的钢材镊子。

5. 电烙铁

电烙铁是电子制作和电器维修的必备工具,主要用途是焊接元件及导线。电烙铁按机械结构可分为内热式电烙铁和外热式电烙铁;按功能可分为无吸锡电烙铁和吸锡式电烙铁;根据用途不同,可分为大功率电烙铁和小功率电烙铁;根据温度调节不同,可分为恒温电烙铁和调温电烙铁。

为方便使用,通常用焊锡丝作为焊剂,焊锡丝内一般都含有助焊的松香。焊锡丝使用约 60% 的锡和 40% 的铅合成,熔点较低。

松香是一种助焊剂,可以帮助焊接。松香可以直接用,也可以配制成松香溶液,即把松香碾碎,放入小瓶中,再加入酒精搅匀。注意:酒精易挥发,用完后记得把瓶盖拧紧。瓶里可以放小块棉花,用时用镊子夹出棉花并涂在印刷板上或元器件上。

电烙铁是捏在手里的,使用时务必注意安全。新买的电烙铁先要用万用表电阻挡检查一下插头与金属外壳之间的电阻值,万用表指针应该不动,否则应该彻底检查。

为了节约成本,有些厂家生产内热式电烙铁时,电源线不用橡皮花线,而是直接用塑料电线,不太安全,使用时应换用橡皮花线,因为它不像塑料电线那样容易被烫坏、破损,从而造成短路或触电。

新的电烙铁在使用前要用锉刀锉一下烙铁的尖头,接通电源后待烙铁头的颜色发生变化就证明烙铁发热了,然后用焊锡丝放在烙铁尖头上镀上锡,使烙铁不易被氧化。在使用中,应使烙铁头保持清洁,并保证烙铁的尖头上始终有焊锡。

使用烙铁时,如果烙铁的温度太低则无法熔化焊锡,或者使焊锡未完全熔化;烙铁的温度太高又会使烙铁"烧死"(尽管温度很高,却不能蘸上锡)。所以,烙铁的温度一定要适当。另外,也要控制好焊接的时间,电烙铁停留的时间太短,焊锡不易完全熔化,会导致接触不充分,形成"虚焊",而焊接时间太长又容易损坏元器件,或使印刷电路板的铜箔翘起。

一般一两秒内要焊好一个焊点,若没完成,应当等一会儿再焊一次。焊接时电烙铁不能移动,应该先选好接触焊点的位置,再用烙铁头的搪锡面去接触焊点。

常用仪器仪表的使用 8.2

仪器仪表是指检测、分析、测试电子产品性能、质量、安全的装置。仪器仪表能帮助维修人员快速检测、判断出部件性能的好坏。

设备维护、维修常用的仪器仪表有数字万用表、网线测试仪及网线钳、兆欧表、电池内阻测试仪、接地电阻测试仪等。

1. 数字万用表

数字万用表是用于基本故障诊断的便携式装置,主要对电压、电流、电阻、二极管进行测量。

①电压的测量(图8-3)。

将数字万用表调整为电压挡并选择适当量程,并联在电路中("V—"表示直流电压挡,"V~"表示交流电压挡)。数值可以直接从显示屏上读取。

②电流的测量(图8-4)。

将数字万用表调整为电流挡并选择适当量程,串联在电路中("A—"表示直流电流挡,"A~"表示交流电流挡)。数值可以直接从显示屏上读取。

■ 图8-3
电压测量

■ 图8-4
电流测量

需要特别指出的是,如果误用数字万用表的电流挡测量电压,很容易将数字万用表烧坏。因此,在先测电流后,再测电压时要格外小心,注意随即改变转盘和表笔的位置。

③电阻的测量(图8-5)。

将数字万用表调到欧姆挡"Ω"并选择适当量程,与被测电阻并联,待接触良好时读取数值。

④二极管的测量(图8-6)。

将数字万用表调到二极管挡,用红表笔接二极管的正极,黑表笔接二极管的负极,两表笔与被测二极管并联,这时会显示二极管的正向压降;根据二极管挡测正反向电阻值,从而判断电路是否开路、短路。

■ 图8-5
电阻测量

■ 图8-6
二极管测量

2. 网线测试仪及网线钳

网线测试仪,可分别对双绞线1、2、3、4、5、6、7、8逐根(对)测试,并可区分、判定哪一根(对)错线、短路和开路。网线钳是用来压接网线或电话线和水晶头的工具。图8-7所示为网线测试仪,图8-8所示为网线钳。

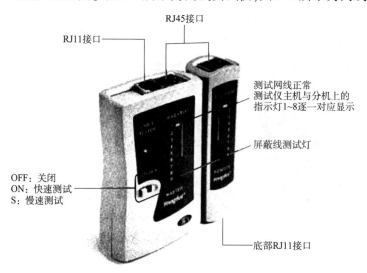
■ 图8-7
网线测试仪

(1)使用网线钳制作水晶头的步骤(图8-9)。
①把线放在网线钳专用剪口处转一周,把外皮去掉。
②按顺序排好线,白橙、橙、白绿、蓝、白蓝、绿、白棕、棕。
③排好线后,保留1cm长度,将多余的剪掉。

④拿着水晶头正面向上(没有扣的一面)。
⑤顺着水晶头线槽用力把排好的线插到位并压实。
⑥再将水晶头放到网线钳内,用力压下去。
⑦最后须用网线测试仪进行测试,灯全亮则制作完成。

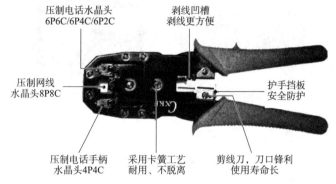
■ 图8-8
网线钳

1.将线头放入专用剪口处,稍微用力一剪。

2.取出线头,剥开线背,厘清线序。

3.将网线剪齐。

4.将网线插入水晶头,并且检查网线。

5.将水晶头放入相应钳口,用力压。

6.压制水晶头。

■ 图8-9
使用网线钳制作水晶头的步骤

(2)网线测线仪的使用。

将网线的两端水晶头插入网线测线仪 RJ45 接口,一端发射信号、一端反馈信号,信号灯将依次闪过,如果有间隔灯未亮则说明网线两边序列不一样。568B 标准(通常都用这种标准):橙白—1,橙—2,绿白—3,蓝—4,蓝白—5,绿—6,棕白—7,棕—8。

3.兆欧表

兆欧表主要用来检查电气设备、家用电器或电气线路对地及相间的绝缘电阻,以保证这些设备、电器和线路处于工作正常状态,避免发生触电伤亡及设备损坏等事故。兆欧表大多采用手摇发电机供电,故又称摇表。兆欧表如图 8-10 所示。

a) 机械兆欧表

b) 数字兆欧表

■ 图 8-10
兆欧表

(1) 兆欧表的使用方法。

随着科技的发展,数字兆欧表得到广泛的使用。下面以数字兆欧表为例,介绍其使用方法。

①测量前必须将被测设备电源切断,并对地短路放电。设备带电时绝不能进行测量,以保证人身安全和设备安全。

②对于可能感应出高压电的设备,必须消除高压隐患,方可进行测量。

③被测物表面要清洁,减少接触电阻,确保测量结果的准确性。

④测量前要检查数字兆欧表是否处于正常工作状态。使用时应将其放在平稳、牢固的地方,且远离大的外电流导体和外磁场。

⑤选择测试挡位:50V/125V/250V/500V/1000V 其中一个挡位。

⑥连接测试线:数字兆欧表共有 3 个接线柱,分别为"L"(即线端)、"E"(即地端)、"G"(即屏蔽端,也叫保护环)。一般地,被测绝缘电阻都接在"L""E"端之间,但当被测绝缘体表面漏电严重时,必须将被测物的屏蔽环或无须测量的部分与"G"端相连接。注意:接线完成时,若被测物带有电压,荧幕上的条图将显示电压大小,此时应暂停操作,待被测物去除电压后再进行后续步骤,以免造成机器故障。

⑦压下 MEASURE 键进行量测(欲做连续测试时,将 MEASURE 键往上扳),当读值稳定时,此值即为测量值。

⑧松开 MEASURE 键,此时量测值将被自动保存。

⑨每次测试完成后,需进行自动放电,以免发生电击,引起触电事故。

(2) 使用注意事项。

①禁止在雷电天气时或高压设备附近测绝缘电阻,只能在设备不带电,也没有感应电的情况下测量。

②测试过程中,被测设备上不能有人工作。

③兆欧表测量线不能绞在一起,要分开。

④兆欧表未停止工作前或被测设备未放电之前,严禁用手触及。拆线

时,也不要触及引线的金属部分。

⑤测量结束时,对于大电容设备要放电。

⑥兆欧表接线柱引出的测量软线绝缘应良好,两根导线之间和导线与地之间应保持适当距离,以免影响测量精度。

⑦为了防止被测设备表面泄漏电流,使用兆欧表时,应将被测设备的中间层(如电缆壳芯之间的内层绝缘物)接于保护环。

⑧要定期校验其准确度。

4. 电池内阻测试仪

电池内阻测试仪是用于测量电池内部阻抗和电池酸化薄膜破损程度的仪器。它对被测对象施加 1kHz 交流信号,通过测量其交流压降而获得其内阻。电池内阻测试仪如图 8-11 所示。

■ 图 8-11
电池内阻测试仪

电池内阻仪的使用方法如下。

①首先将仪器放置于水平的工作台上。

②把测试仪的测试接头分别接入电池的正极和负极,使其完全接触并固定。

③打开测试仪的电源开关,显示屏读数会跳动数次,这属于正常现象,约 100ms 后其读数会自动稳定下来。

④根据所测电池内阻的大小按切换键,选择适当的量程(量程太大或太小,其读数都会不准确),记下其准确的读数。

5. 接地电阻测量仪

接地电阻测量仪可以测量进入地下的接地体电阻和土壤散流电阻(总称接地电阻)。接地电阻测量仪随表附带接地探测棒两支、导线三根。接地电阻测量仪如图 8-12 所示。

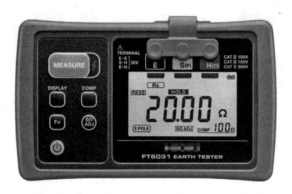

■ 图 8-12
接地电阻测量仪

接地电阻测量仪的使用方法如下：

①拆开接地干线与接地体的连接点，或拆开接地干线上所有接地支线的连接点。

②将两根接地棒分别插入地面 400mm 以下，一根离接地体约 10m，另一根离接地体约 20m。

③把接地电阻测量仪置于接地体旁平整的地方，然后进行接线：一根连接表上接线桩 E 和接地装置的接地体；一根连接表上接线桩 H 和离接地体约 20m 远的接地棒；一根连接表上接线桩 S 和离接地体约 10m 远的接地棒，如图 8-13 所示。

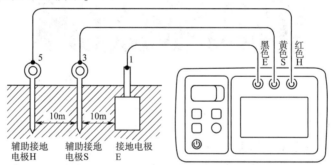

■ 图 8-13
测量接地电阻连接示意图

④压下 MEASURE 键进行量测，当读值稳定时，此值即为测量值。

⑤为了保证所测接地电阻值的可靠性，应改变方位重新进行复测，取几次测量值的平均值作为接地体的接地电阻。

自我测试与评价

一、判断题

(　　)1. 由于不慎触及带电体，产生触电事故，人体将受到相同的伤害。

(　　)2. 触电事故分为直接触电和间接触电两种,这两种事故发生在电路或电气设备的不同状态下,因而防护措施是相同的。

(　　)3. 击穿场强与电场均匀程度有密切关系,但与周围温度及电压作用时间相关。

(　　)4. 漏电保护装置主要用于防止由漏电引起的触电事故或防止单相触电事故,也用于防止漏电火灾及监视或消除一相接地故障。

(　　)5. 加强绝缘是指绝缘材料的机械强度和绝缘性能都增强了的基本绝缘,它具有与双重绝缘相同的触电保护能力。

二、填空题

1. 电伤是指在电弧作用下或熔丝熔断时,对人体(　　)的伤害,如烧伤、金属溅伤等。

2. 电气设备的绝缘应符合其相应的电压等级、(　　)和使用条件。

3. 工作绝缘是带电体与(　　)的导体之间的绝缘,是保证设备正常工作和防止电击的基本绝缘。

4. 安全电压是在一定条件下、一定(　　)内不危及生命安全的电压。

5. 电气隔离通过阻断在二次侧工作的人员单相触电时电流的(　　)来确保人身安全。

三、选择题

1. 电击所引起的伤害程度与下列(　　)因素有关。
   A. 人体电阻的大小　　　　B. 电流通过时间的长短
   C. 电流的大小　　　　　　D. 电压的大小

2. 水下作业及接触人体的医疗器械等应采用(　　)安全电压。
   A. 36 V　　　　　　　　　B. 24 V
   C. 12 V　　　　　　　　　D. 6 V

3. 电流型漏电保护装置的动作电流分为15个等级。其中(　　)及以下的属高灵敏度,主要用于防止触电事故。
   A. 500 mA　　B. 100 mA　　C. 30 mA　　D. 10 mA

4. (　　)是专门用来检测电气设备、供电线路绝缘电阻的一种便携式仪表。
   A. 数字万用表　　　　　　B. 内阻测试仪
   C. 接地电阻测试仪　　　　D. 兆欧表

5. 电池(　　)是用于测量电池内部阻抗和电池酸化薄膜破损程度的仪器。
   A. 数字万用表　　　　　　B. 内阻测试仪
   C. 接地电阻测试仪　　　　D. 兆欧表

四、简答题

1. 屏护装置的作用有哪些?
2. 兆欧表使用注意事项有哪些?

数字万用表的使用

用数字万用表测量电压、电流、电阻、二极管压降。分别找 5 个 7 号电池、5 个电阻和 5 个二极管，进行测量，并将相应测量值填入表 8-1 中。

数字万用表测量值   表 8-1

序号	被测器件	测量值1	测量值2	测量值3	测量值4	测量值5
1	电池电压					
2	电池电流					
3	电阻阻值					
4	二极管压降					

参 考 文 献

[1] 赵时旻. 城市轨道交通自动售检票系统[M]. 上海:同济大学出版社,2007.
[2] 上海申通地铁集团有限公司轨道交通培训中心. 城市轨道交通自动售检票系统[M]. 北京:中国铁道出版社,2011.
[3] 张新宇. 城市轨道交通车站机电设备[M]. 2版. 北京:人民交通出版社股份有限公司,2022.
[4] 邵震球,于丹. 城市轨道交通自动售检票系统实务[M]. 北京:机械工业出版社,2016.
[5] 人力资源和社会保障部教材办公室,广州市地下铁道总公司. 自动售检票系统检修工[M]. 北京:中国劳动社会保障出版社,2014.
[6] 中国城市轨道交通协会. 城市轨道交通自动售检票检修工[M]. 成都:西南交通大学出版社,2018.
[7] 陈琦. 城市轨道交通自动售检票系统检修工[M]. 北京:人民交通出版社股份有限公司,2017.
[8] 吴献文,言海燕. 城市轨道交通自动售检票系统[M]. 北京:机械工业出版社,2017.
[9] 中华人民共和国国家标准. GB/T 20907—2007 城市轨道交通自动售检票系统技术条件[S]. 北京:中国标准出版社,2017.
[10] 管莉军. 城市轨道交通票务管理[M]. 北京:人民交通出版社股份有限公司,2018.
[11] 刘海英. 城市轨道交通自动化售检票设备检修工[M]. 北京:中国铁道出版社,2015.